GALERIE PITTORESQUE

ALBERT THIBAUDET

L'ACROPOLE

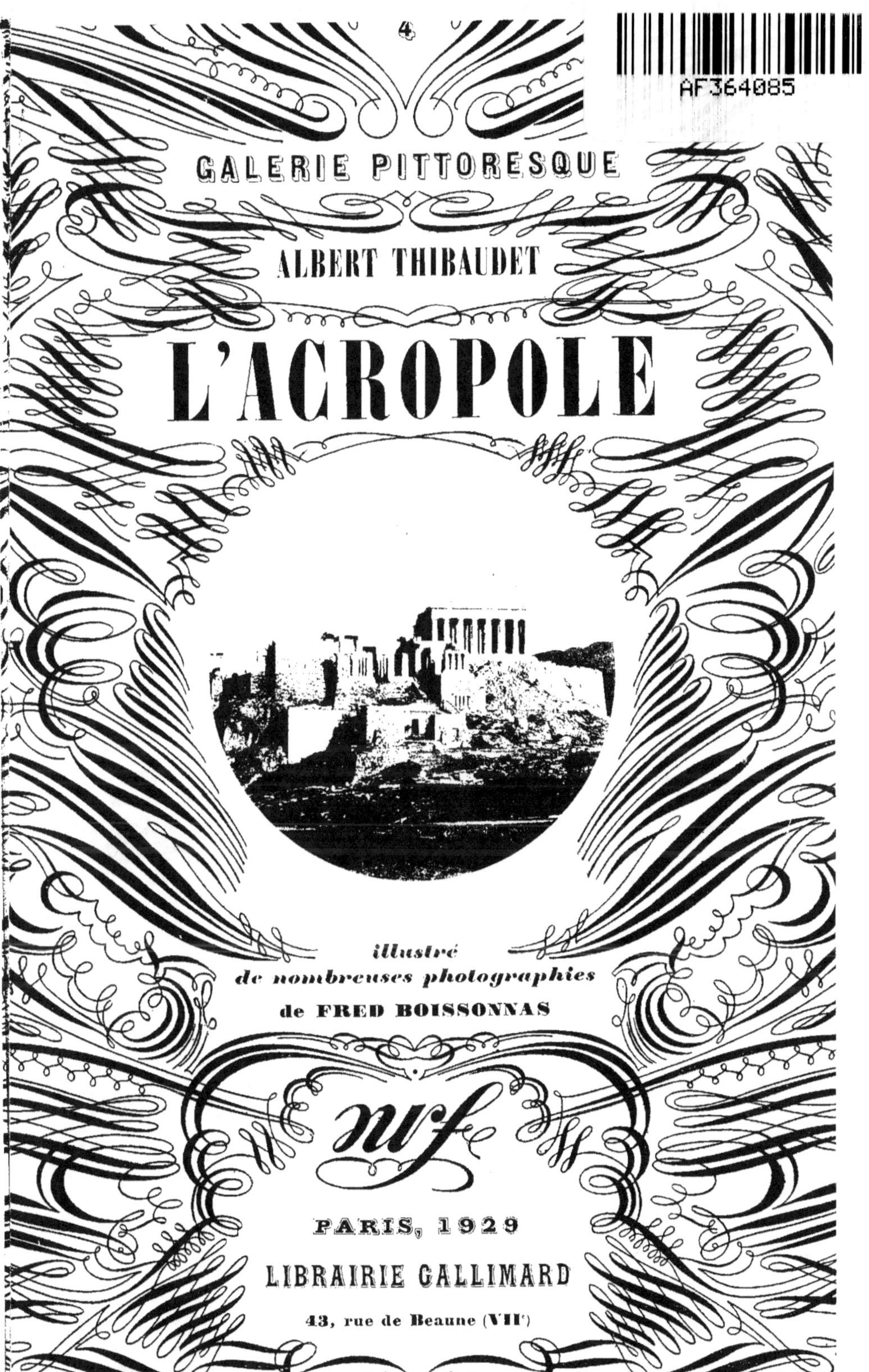

illustré
de nombreuses photographies
de FRED BOISSONNAS

nrf

PARIS, 1929

LIBRAIRIE GALLIMARD

43, rue de Beaune (VIIe)

L'ACROPOLE

GALERIE PITTORESQUE - 4

ALBERT THIBAUDET

L'ACROPOLE

*Illustré de quarante-sept photographies
de Fred Boissonnas*

PARIS, 1929

LIBRAIRIE GALLIMARD

43, rue de Beaune (VIIe)

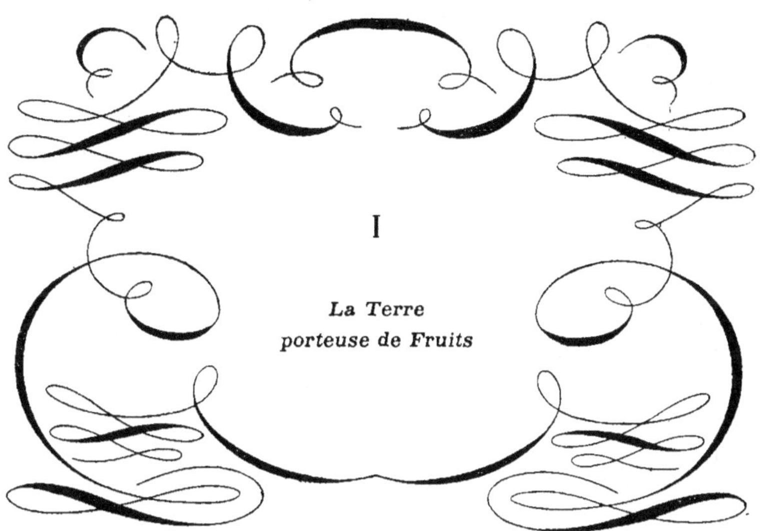

« Un olivier au large feuillage était planté dans ma cour, vigoureux, fleurissant, épais et pareil à une colonne. Autour de lui je construisis ma chambre nuptiale, j'entassai les fortes pierres, je mis un toit, je posai les portes compactes et solides. Puis je retranchai sa chevelure large de rameaux ; je coupai le tronc au-dessus des racines, je le polis soigneusement avec l'airain, et, travaillé au cordeau, je fis de lui le gros support ; je perçai à la tarière lui et les branches qui s'en échappaient. Sur ce châssis je façonnai ma couche ; je l'ornai d'or, d'argent, d'ivoire, et je tendis à l'intérieur, des sangles en cuir de bœuf, luisantes de pourpre ».

Ces vers de *l'Odyssée* me venaient parfois à l'intelligence quand je montais, après les Propylées, le chemin de l'Acropole : sentier de montagne, égalisé par le fer, rayé de stries pour que le pied n'y glisse, et dont le calcaire rosé conserve comme un beau bois noueux sa substance et sa vie ; chemin qui marchait avec moi et suivait le pas comme un enfant donne la main. Il ajoute à l'Acropole, exactement, sa Voie Sacrée, sa nervure fine et rustique ; et la colline taillée, la table de roc, mieux que le Sphinx d'Egypte humanisée et polie, où l'arasement pélasgique, les terrassements des remparts, en la disciplinant ne séchèrent, ne mutilèrent rien, il nous prépare à voir en elle ce lit d'Ulysse, bâti dans l'arbre de Pallas par le héros industrieux que la déesse surveille.

Ainsi le chemin qui menait vers l'autel oriental le cortège des Panathénées sait encore délicatement nous conduire à l'endroit exact où nos pensées d'abord organiseront le mieux leur procession souple. La montée est, sous le ciel de mai, chaude, et tout de suite nous arrivons au nord du Parthénon, là où le soleil qui ne glisse qu'obliquement n'a pas, de lumière, roussi les colonnes, où, restées blanches, elles se sont, comme des bouleaux, mouchetées de mousses vertes. Les fondations et le soubassement sont noirs ainsi qu'un terreau humide ; la brise met sur le marbre un glissement de source ; le front rafraîchi se dispose à fleurir dans le commerce de la beauté, et voici que les yeux rencontrent une inscription gravée sur le roc, qu'entoure une grille, et que coquelicots et camomilles recouvrent. Elle consacre l'endroit à la « Terre porteuse de fruits ».

Sur cette pierre nue les yeux sont tentés de prendre ironiquement cette dédicace ; mais comme elle éclate aux esprits ! Porteuse de fruits... Tout le rocher fructifie en marbre, et, droit en face de la pierre inscrite, ces fruits poussent leur forme suprême, sous la draperie ionique, dans le sein jeune des Cariatides. Le Parthénon autour de nous incorpore à sa ruine la maturité de l'or séculaire ; éclatements et trouées y sont comme les percées que les guêpes ont faites aux fruits d'automne, marquent une place de miel qui laisse la chair et le cœur intacts. Et cette jonchée, à nos pieds, de fûts brisés, la terre comme des graines tombées les reprend pour qu'elles développent en nous la ligne de leur aile renouvelée.

Les monuments tiennent au rocher, qui lui-même est déjà un monument. Avant de sculpter des hommes, les fils d'Erechthée ont sculpté leur terre, l'ont ajustée à eux : l'Acropole, l'Aréopage, la Pnyx, trois autels qu'ils ont rabotés, où devaient s'édifier la religion, la justice et la parole ; trois socles que les Pélasges préparent à la statuaire de Phidias, à l'Orestie d'Eschyle, au discours de Démosthène. Comme des muscles forts sous la grâce de ses éphèbes, comme une anatomie experte, une charpente juste sous les contours de ses statues, au-dessous de la beauté d'Athènes gît une patiente énergie cyclopéenne. De la plaine, à l'est, on voit l'Acropole relevée par deux énormes volutes de pierre rougeâtre : ce plateau égalisé, ce rempart à pic, la terre, d'un mouvement des reins visible, comme un Atlante les soutient haut, les maintient droit. Au nord, les grottes élargissent les voûtes humides où l'homme, qui les creusa davantage, les aménageant en sanctuaires, continua par le fer le travail de l'eau. Les collines autour de la colline ouvrent du paysage la corolle indéfinie. De partout il est fait à coups d'un ciseau dont les carrières blanches du Pentélique montrent, en un point, la trace toute fraîche. Et si les lignes, parfois, coulantes dans l'espace qui les éloigne, paraissent flotter et défaillir, près de nous la forte et fière masse du Lycabette les saisit et les resserre, comme par une main, du même geste gracieux et net dont les Korai peintes, au Musée de l'Acropole, arrêtent et relèvent les plis de leur tunique ionienne.

L'aire, construite et vivante, restait présente sous les édifices comme une branche sous les fruits. La forme du temple d'Athéna Nikè était commandée par l'aspect

ailé de l'angle qu'avançait le rempart ; les Propylées
devaient amplifier, nourrir et cristalliser le pli qui fait
charnière entre la montée et le plateau ; l'Erechtheion
se moulait de près et précieusement sur de petits sanctuaires et des lieux sacrés ; le développement de la
droite terrasse méridionale remblayée par Cimon appe-
lait la ligne du Parthénon, et la courbure du plateau
sollicitait déjà celle du soubassement ; au point le plus
haut du rocher, il fallait que prît place le grand autel
d'Athéna, qui, au jour des sacrifices, posait sur la colline
la flamme et la fumée comme le casque doré sur le front
de la déesse.

L'Acropole dit la dernière et la plus haute strophe
d'un chant que sous vos yeux se transmettent six voix
entrelacées de l'Attique. Elle est, comme la Tribune de
l'Erechtheion, portée par six figures de vierges robustes
et calmes, et toutes six, comme l'Acropole, diversifient
le visage de la matière où s'éveille l'esprit.

L'argile. De cette terre attique il est un lambeau, Cendrillon restée nue, et, dans le sous-sol obscur,
non prédestinée aux fruits. Humble, elle n'eût été que la
servante des eaux souterraines, si la déesse de l'industrie,
si l'intelligente Erganè, ne l'avait prise en faveur et
conduite à la lumière. C'est l'argile à potier d'Athènes,
une argile toute fine et pure. Ne produisant pas de fruits,
elle-même est modelée aux mains de l'homme, mûrie
à son feu, en les fruits les plus délicats et les plus dura-
bles, ceux que les morts, les ayant gardés dans leur
voyage, laissent aujourd'hui, par milliers, glisser de
leurs mains ouvertes, exhaler leur image aux vivants.

Les céramistes, qui firent les vases du musée d'Athènes
trouvés au Dipylon, furent ici les premiers artistes,
et, dans cette inépuisable terre à potier, l'Acropole de
Périclès nourrit sa première racine. Nous n'imaginons
pas une Athènes homérique, comme Mycènes, riche

d'or, et de l'or étranger ; mais son art d'abord fut, comme se voulait son peuple, autochtone, né de sa terre, et riche seulement de travail et d'invention. On reconnaît, selon Gautier, que les hommes sont civilisés quand ils ne savent plus faire ni un vase ni une corbeille. Mais la fraîcheur de la culture athénienne vint, dirait-on, de ce qu'on y discerne jusqu'au bout le coup de pouce du potier et du vannier. L'homme, selon Anaxagore, est intelligent parce qu'il a une main ; la plasticité de l'intelligence paraît suivre chez les Athéniens la souplesse de la main. Dans la maison sans meubles, les vases mettaient des formes pures auxquelles les yeux s'accoutumaient ; ils en humanisaient, par leurs contours de hanche ou de sein, l'ombre. Sur cette terre à potier les artisans d'Athènes se sont fait des doigts assez délicats pour toucher dignement au marbre, au bronze, à l'ivoire, à l'or, et l'opulence de la matière vint tard s'offrir, comme une consécration dernière, à l'art devenu capable d'en jouer librement. Par le soubassement incurvé du Parthénon, une main épousa le rocher, comme, en palpant le flanc d'un vase, elle se fût courbée ; ainsi que l'ivoire s'amollit pour la statue de la déesse, le marbre s'infléchit dans une ductilité transmise par l'habitude de l'argile ; les colonnes du temple et toutes ses lignes sont flexibles comme l'osier dont une corbeille se tresse ; et dans la plus pesante matière, ainsi, s'est insinuée sans défaut l'âme des choses les plus légères.

Le marbre Levant les yeux de cette place où la Terre était vénérée, voyez dans le soir l'horizon porteur, aussi, des fruits les plus lumineux, et les montagnes comme des pommes et des grenades mûres. Sous le fronton du Pentélique, éclatent les brèches blanches des carrières. La matière maternelle, de là, se soulève à demi, pour voir, sur l'Acropole, sa forme, sa fleur ouverte et mutilée.

Au bas des Propylées, par la pente de la colline, était déposé, tout à l'heure, par grands blocs, pour les restaurations, du pentélique neuf. Et je les voyais, ces blocs, troupeau brut, massif et majestueux, en route vers les portes de Mnésiclès, et vers l'ordre et vers la beauté. J'ai lu qu'un voyageur en Asie Centrale, ayant aperçu de grosses pierres étrangement semées sur une piste de désert, s'enquit auprès de son guide, qui lui dit : « Elles vont en pèlerinage ! » — et qui disait vrai. On était sur la route d'un sanctuaire vénéré ; chaque troupe de pèlerins qui passait donnait à l'une des pierres une petite poussée, pour qu'elle aussi avançât et fît un pas vers le lieu de paix. Comme cette impulsion obscure d'Orientaux se met sur la ligne où pensent Aristote et Leibnitz ! En lisant ce numéro du *Tour du Monde*, ma pensée se reportait à cette belle musique métaphysique qu'inspire à Ravaisson, sur la fin de son *Rapport*, la méditation du Stagyrite : « Si les pierres de la Fable obéissent à une mélodie qui les appelle, c'est qu'en ces pierres il y a quelque chose qui est mélodie aussi, quoique sourde et secrète, et que, prononcée, exprimée, elle fait passer de la puissance à l'acte. » L'intelligence, par ses chemins, attire la matière, et peu à peu, comme sous les doigts lents d'une aube, l'esprit éteint s'allume. Ces blocs qui montaient à l'Acropole, je voudrais toujours ici les voir figurer nue une basse fondamentale de l'harmonie qui nous conduit à penser.

Le marbre attique qui cheminait par la plaine croisait, à l'Acropole, un marbre plus exquis, tribut de la mer et de Paros. Sur le vaisseau d'Ionie, chargé de la matière précieuse, vint peut-être le jeune Parien qu'aima Phidias et dont il fit un grand sculpteur, Agoracrite. La violence démesurée des pressions subies dans la terre par les calcaires métamorphosés a mis au cœur de l'Archipel ce marbre le plus pur du monde. La lumière, qui ne pénètre qu'à quinze millimètres dans le Pentélique et à

vingt-cinq dans le Carrare, fait au Paros une peau transparente de trois centimètres et demi. Cette fleur ado-
lescente de sa pulpe désigne la seule matière où l'esprit
puisse en toute fraîcheur créer sa chair de pierre idéalisée.
J'aime qu'André Chénier dans son poème de l'*Invention*
l'ait prise pour symbole de la matière poétique.

> *Dieu tout entier habite en ce marbre penseur !*

C'est la première démarche de notre intelligence et de
notre goût que de sentir des mains, dans ce marbre pentélique, un corps. Dur, doré, tiède, il vit. Sa substance a
pour sœur exacte une chair méditerranéenne, les bras
de Charmide ou le sein calme d'une fille d'Arles. Il se
repose, comme eux, dans l'amitié de la lumière, et déclare
par un même langage l'énergie du soleil. Il m'est plus
clair encore quand j'évoque sur lui quelque contraste.
Je songe à une chair du Nord, blanche, douce de lait
opulent, cœur de fruit, qui roule, en traînant des roses,
sous le pinceau d'un Rubens, d'un Greuze, d'un Law-
rence, et je pense à sa matière fraternelle aussi : le calcaire
de ces églises gothiques flamboyantes, en Picardie, aux
contours par la pluie émoussés, aux statues imbibées de
mousse, effritées sous le ciel gris et l'ondée ; une caresse
veloutée et fuyante, une main qui ne résiste pas et qui
se fond, l'acte de la terre passive, inépuisée, la pierre
molle qui s'est incorporé l'eau du ciel comme le marbre,
ici, s'est nourri de sa lumière.
De la lumière, toutes les formes et les intensités occupent sur lui des places harmonieuses, comme un chœur.
On en suit, autour du Parthénon, le voyage et l'histoire.
Le marbre au nord est resté froid, blanc et comme nocturne encore ; ici nos yeux reconnaissent sur la ruine
les soleils frais de printemps ; là-bas ils vont cueillir les
soleils longs et rêveurs d'automne ; et, par places, le
pentélique n'est plus doré, mais violemment roussi

comme sous les jours torrides d'été. Le temple paraît garder ainsi les pas inégaux de l'année, et, de même que ses sculpteurs avaient, à ses quatre flancs, fait tourner la procession d'Athènes sous le voile des Panathénées, voici que se développe, sur sa ruine et de sa ruine le poème des saisons, sur son marbre et de son marbre le cortège ordonné des Heures.

Le blé Mais, tige de l'Acropole, chaume qui en lève l'épi fauve, voyez du Céramique, dans les oliviers et les moissons, la Voie Sacrée qui va vers Eleusis, et, dans le souvenir qui la suit, suivez le mystère attique du blé.

Au printemps, le cercle des montagnes plonge dans un calice de fraîche verdure, et l'Athènes agricole, celle qu'Aristophane aimait, s'épanouit comme la nourrice du paysage. Ainsi que les deux sandales que posent alternativement, le soir, les pieds dorés de la lumière qui décline, côte à côte s'étendent la bande tendre du blé nouveau, la bande foncée du bois d'oliviers.

Au musée d'Athènes, le bas-relief illustre d'Eleusis peut-il ne pas éveiller chez l'Européen un émoi religieux ? Devant Nausicaa la première pensée d'Ulysse la compare au palmier de Délos ; mais l'adolescent Triptolème n'est-il pas ici ce long épi sacré que chaque initié avait vu aux mains du prêtre éleusinien ? Lui qui reçoit de Déméter le grain, il a les formes flexibles et pleines du blé mur ; et sa jeune tête sérieuse, chargée d'intelligence et de confiance, comme l'épi dépasse les coquelicots stériles et les bleuets sans lendemain, se lève au-dessus de l'Athènes ionienne, et de ce qui, dans le parterre des Korai peintes, fleurissait à l'Acropole. Epi poussé à l'air, corps bruni de soleil, il a la couleur et la densité du pain.

Au mois de mai, sur l'Acropole, ne triomphent que vastes pavots, d'un rouge grenat, au fond desquels

Triptolème entre les Grandes Déesses
Bas-relief d'Éleusis
(Musée d'Athènes)

une croix grecque, de velours noir aux bords violets, étend un cœur de ténèbre chaude. Sous eux dévale l'épaisse végétation, bruissante d'abeilles et de bourdons ; les mauves, les orties blanches, les camomilles ondulent par toutes les pierres comme une eau dense, intarissable, sonore. Cette floraison des pavots met sur le champ de pentélique la figure de guérets mûrs, où la pensée à brassées moissonne, engrange en chantant ; par la couleur vive et fougueuse, remontent sur la pierre dorée le sang des victimes, la flamme des autels, le fond de pourpre où les reliefs des métopes vivaient. Une gloire poétique, un chant de lyre, touchent ce blé de soleil, et toute la colline des temples collabore pour que l'instant, ne passant plus, soit tendu hors la durée, comme l'épi d'Eleusis.

La vigne A l'automne, l'Acropole brûlée a séché sur la pierre inscrite toutes ses herbes, et les treize lettres maintenant dévoilées éclatent comme un cachet : γῆς καρποφόρου. C'est alors que sur les routes les raisins blancs vont au pressoir. Ils donnent un vin médiocre, et que les Grecs suffoquent terriblement de résine ; mais nous ne lui demandons d'autre qualité que celle de la mémoire qu'il évoque, et ne songeons dans ces vendanges qu'au Dionysos d'Athènes.

Le même rythme qui mène ici vers sa densité, sa plénitude et sa clarté et transfigure en âme humanisée toute nourriture de la terre, a pris les forces aveugles du vin et les fureurs dionysiaques pour les conduire, ainsi que l'argile à la ligne assouplie, que le marbre au contour vivant, et que le grain à l'espoir d'immortalité, vers le lieu géométrique et purifié de la seconde naissance. Aux racines de l'Acropole, voici le Théâtre, aussi ; les gradins de bois où se célébrèrent longtemps les jeux de Dionysos ont fait place à la substance dure par laquelle s'inscrit, dans la montagne, un siège, une station pour l'Esprit de la terre, pour le miroir qu'il porte.

« Il y a de la géométrie partout et de la morale partout, » dira Leibnitz. De la morale, c'est-à-dire de l'âme en tant qu'elle se connaît, qu'elle lutte et qu'elle dure. Et le théâtre, figure géométrique, épure de pierre, théorème et non idéal cristallisé en marbre, le voici qui donne à l'âme, à l'intensité réglée de la vie, à la passion purifiée, son aire substantielle.

Le cheval   Mais l'Acropole même atteste deux autres présents des dieux : de la place que frappa le trident de Poseidon et qui en garde l'empreinte, avait jailli le cheval, — et tout à côté le Pandrosion abritait l'olivier par lequel Athéna vainquit.

Il me semble bien que la première fois que j'entendis prononcer le nom d'Athènes, ce fut dans une de ces historiettes inventées pour l'édification des enfants : celle du cheval qui, abandonné dans sa vieillesse par son maître, prit, parmi l'herbe qu'il broutait dans la rue, une corde de sonnette, celle de l'Aréopage, et fut par les juges reçu comme partie dans un procès d'ingratitude. La sonnette de l'Aréopage se trouve chez le même marchand que la clef du champ de manœuvres.

Les Athéniens avaient le goût passionné des chevaux, et, comme en Angleterre, les riches mettaient leur honneur à en élever beaucoup, à les monter souplement, à voir leurs attelages triompher aux jeux Olympiques. Les cavaliers qui se déroulent sur la frise des Panathénées naissent ainsi, avec grâce et sans effort, de la plaine, de la vie, de l'habitude attiques. Dans ces jeunes gens que leurs traits ne différencient pas, de beauté, de santé, de vigueur tous pareils, et précisément parce qu'ils monnayent la même figure idéale, je reconnais le jeune Athénien de culture moyenne, harmonieuse et forte, Xénophon, qui devait avoir de quinze à vingt ans quand les plaques de marbre prirent place. Ce mouvement

Un Olivier athénien

bue, depuis le premier pas des statues dédaliennes, la sculpture grecque réalisait peu à peu, avec patience et passion, il épouse dans la procession l'allure du cheval, il va avec lui vers l'aisance, l'ampleur et la grâce. Il mène par sa ligne le chœur des hommes et celui des monuments, et comme, sous les vents étésiens, la mer ses vaisseaux, il porte toute la cité vers sa fleur de l'Acropole.

L'olivier Sur l'Acropole, il n'y avait qu'un seul arbre, et, de la pierre dédiée à la terre frugifère, vous voyez, à côté de l'Erechtheion, l'emplacement de son enceinte. C'était l'olivier sacré, celui dont la naissance fit de Pallas la déesse de l'Attique, et qui, coupé par les Perses, dans la nuit même repoussa de deux coudées, — symbole du vivace génie athénien. Un olivier de marbre florissait au fronton occidental du Parthénon ; mais, sur la plaine, là-bas, la même âme faisait, de la maigre terre, surgir les oliviers de Colone.

Quand on sort de ces oliviers, on voit, à gauche de sa route, une butte. Elle est celle-là même où Œdipe vint s'asseoir, d'où il n'alla pas plus loin, et fut salué par le chœur athénien. « Tu es, ici, étranger, au plus beau de ce pays riche en chevaux, dans la blanche Colone : par ses vertes vallées le rossignol abonde et chante. Il y habite le lierre sombre et l'inviolable forêt au feuillage serré, aux innombrables fruits, inaccessible aux rayons du soleil comme à la violence des tempêtes. Toujours y va Dionysos, accompagné des déesses qui l'ont nourri. Sous la rosée du ciel sans cesse y fleurissent le narcisse aux belles touffes, couronne antique des Grandes Déesses, et le crocus doré ; les sources courantes du Céphise jamais n'y dorment ni ne défaillent... et ce vallon les chœurs des Muses ne l'ignorent pas, non plus qu'Aphrodite aux rênes d'or. »

Prenez-y place. L'Attique d'ici se développe ; l'Acropole étend au milieu des montagnes irrégulières son piédestal humanisé ; ses marbres, comme ils feraient sous de surabondantes fleurs, écartent le feu rose dont le soir les presse. Et ne sentez-vous pas à votre pensée la forme de fruit que pousse pour vous la dernière et l'invisible branche du bois qui vous occupait ?

Mais le tertre de Sophocle n'est pas vide, et deux tombes le surmontent. Un Français, un Allemand, studieux des livres et des monuments grecs, Charles Lenormand, Otfried Muller. On verra ici, à la place où Œdipe vint chercher le repos, où nous cherchons l'intelligence, deux stèles, deux pierres en pèlerinage, deux frères sur le chemin qui nous conduit. Une heure du soir, ici, par nous passée, approche de nous le rameau d'olives, répand l'huile sur notre pensée qui s'exerce, dispose, dans la chambre d'une nuit attique, comme une lampe d'étude, la première étoile qui point.

Six figures, ainsi, de la Terre porteuse de fruits, montent pour éclairer notre patience et nous guider sur l'Acropole. Et toutes puisent dans leur loi, toutes retrouvent aux mains de l'homme, le même signe qui fait d'elles six jeunes Heures associées, six Cariatides sous le même fardeau. La matière, la vie du sol, aux sens avisés et fins d'Athènes apportent nourriture et joie. Mais comme, au bout de la tige, une feuille privilégiée devient fleur, un ordre nouveau germe aux pointes de l'ordre ancien, le transpose dans une plus fine harmonie et le propose à une pensée.

L'olivier, dans sa passion de clarté, se tend pour que ses racines ne soient pas toutes enfouies, mais, élevées au-dessus du sol, à demi paraissent et s'ensoleillent : sous nos yeux, l'Acropole se construit, de six racines que traîne à la lumière son tronc plein de force, écheveaux toujours recomposés, qu'en croissant elle démêle et tisse.

Les Propylées (*face Nord*) le Parthénon et l'Erechtheion

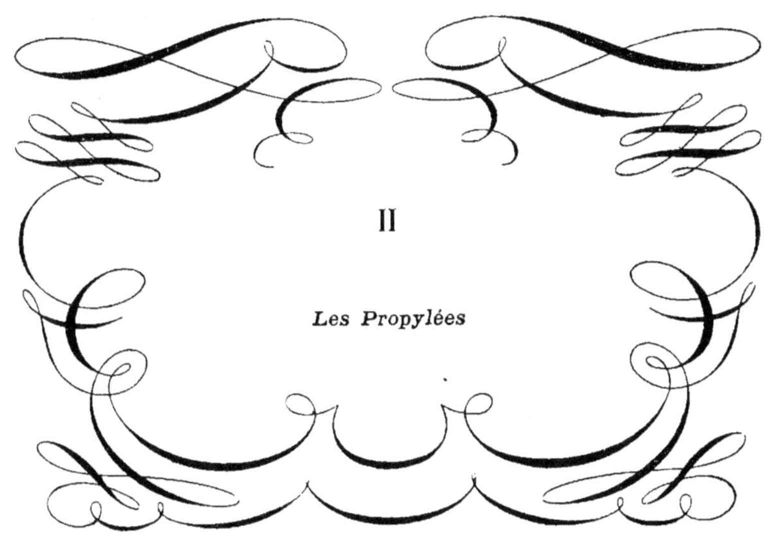

Les Propylées

ulle beauté, sur l'Acropole, qui soit plus cruellement lésée et meurtrie que celle des Propylées. Coupés par le milieu, ils gardent encore l'aspect pitoyable d'une amputation fraîche. Le premier coup de cognée leur fut donné — et il se continue devant nous — par l'escalier romain, les portes romaines, toute cette lourdeur, cette symétrie qui les délayent en les faisant commencer au pied même de l'Acropole, les diminuent en nivelant sous une diffusion de marbre le roc nu d'où jaillissaient nativement leurs sources. Devenus sous les Turcs un magasin à poudre, la foudre les disloqua, leur crête peu à peu tomba. Et cette chute de leurs frontons, cet écroulement de la structure supérieure, paraissent prolonger dans les âges le style de l'escalier romain. Leurs formes cubiques et coupées les mettent à l'unisson du piédestal d'Agrippa. Si le Romain a disparu de ce socle, le bloc qu'il occupait donne, comme un bâton de chef d'orchestre, autour de lui le ton horizontal, massif, glacé. Construction et mutilations collaborent pour créer un ordre latin, réduit à des racines. Mais le temple de la Victoire, bien que lui aussi ait perdu son fronton et qu'il soit aspiré par cette impérieuse autorité de lignes droites, voyez comme, isolé sur son angle à pic, dans l'air bleu, rompant la pesante ordonnance imposée par la ruine, il se détourne, échappe à l'emprise. Cet ordre de Rome, les fines colonnes ioniques imperceptiblement lui disent non. Et dès notre premier regard, la montée de l'Acropole nous demande de calmer un conflit entre une règle née peut-être de la mutilation, et la vive, la fragile souplesse d'un génie libre.

Pour le calmer, il nous suffit de nous élever, de nous asseoir dans le portique même de Mnésiclès, et de laisser la parole aux images athéniennes. Nous sommes à même la chair, la masse et le poids de cette moitié inférieure intacte ; nous lui donnons dans l'architecture la place qu'occupe dans la sculpture le Torse du Belvédère. C'est une force qui se ramasse, et qui prend une tristesse tragique de n'avoir plus de membres à mouvoir ni de destinée à porter ; une carrière qui attend que la pensée refasse d'elle un fronton, et que le regard relève comme une fière suppliante l'architrave tombée de marbre.

Les gens du métier considéraient les Propylées comme le chef-d'œuvre de l'architecture ; il s'agissait là non d'une voix populaire comme celle qui nommait les sept merveilles du monde, choisies pour leur énormité, mais d'une opinion compétente et professionnelle. Comme la chapelle des Brancacci, comme les cartons de la Guerre Pisane, par leur perfection robuste, rayonnante, ils conduisirent ou confirmèrent une génération dans les voies droites du métier. Morceau des connaisseurs ainsi que le Clocher Vieux de Chartres, ils étaient loués pour les mêmes réussites : une solidité qui garantit la durée jusqu'aux limites possibles, la probité de l'appareil unie à la perfection du travail, une pondération précise de tous les membres, et, sur les niveaux différents d'un terrain inégal, cet art souverain des transitions que Boileau enviait à juste titre, puisqu'il transcrit dans l'art l'image la plus exacte de la vie.

Ainsi l'entrée de l'Acropole ouvrait une école d'architecture, comme les promenades par lesquelles on abordait Athènes, l'Académie ou le Lycée, allaient devenir des écoles de philosophie. Cette aire bienfaisante de marbre solidifiait sous les pas la clarté de l'intelligence. Les Propylées n'étaient pas un temple, bien qu'ils en gardassent les formes, mais le chemin logique des temples, comme la dialectique de Platon est le chemin de l'intuition et du mythe. Pensée non encore froide, scolastique, stylisée, vitruvienne, mais, toute, à sa fraîcheur de source, et, miel attique, à son odeur de ruche.

Dépourvus de sculptures, et laissant jouer les seuls motifs architecturaux, les Propylées, mieux qu'un temple, cristallisaient, nus, le monument pur. Nulle religion, nulle présence divine ne venait compliquer leur notion harmonieuse. Nulle invention qu'ici une fantaisie eût inspirée, mais toutes trouvailles avaient, comme l'olivier d'Athéna, leur racine en ce lieu préfixe, et chacune, donnée dans le forme du roc, imposée par la nature, semblait, sous la main de Mnésiclès, proposée par la raison. Les Propylées furent conçus, dans l'espace, comme l'entrée de l'Acropole ; mais ils en furent, dans le temps, la clôture, la conclusion, le sceau. Ils marquèrent que la colline formait un tout vivant. La vanité un peu lourde des Romains dédiait partout, et même ici, des temples à la déesse Rome. Athènes n'eût pas voulu diviniser sa citadelle ; mais les Propylées vides paraissent personnifier sur elle la descente définitive et le siège exact de la perfection. Comme le Parthénon celui d'Athéna, ils sont le temple de l'Acropole. Ils achèvent par la conscience claire cette construction patiente, cette sculpture du rocher qu'avaient commencées les Pélasges. Ils sont dédiés à cet esprit d'accueil hospitalier et aussi d'enracinement, à cette maturité d'où pèsent également, comme d'un fléau, l'heure des fleurs ouvertes et l'époque des graines tombées. Ils font passer l'Acropole, de sa nature locale, de son rôle athénien, à une nature et un rôle humains. Ils l'y font passer doucement et d'elle-même, comme si c'était nous qui divisions en deux moments, exprimions par deux signes, une seule et pure nature. Par cette entrée où les processions montent, il semble aussi que vont descendre les dieux : « Nous appelons Grecs moins ceux qui partagent notre origine que ceux qui participent à notre culture. » Cette phrase d'Isocrate, l'architrave de marbre où je suis assis me la rend dans son ampleur et son équilibre, elle a le grain de l'indestructible poutre, et c'est d'elle que le *Panégyrique d'Athènes* descend vers nous par l'hellénisme ouvert d'Alexandre et d'Aristote.

Ramassés en ailes, sans ampleur de façade, les Propylées gardent tout l'accent sur leur nature de portes ; ils encadrent de marbre le chemin qui conduisait à ces immenses vantaux cuirassés de bronze, et les cinq entrées demeuraient claires au bout des avenues courtes. Mais, remplissant toute leur fonction de portes, ils ne l'outrepassaient point. Le Grec ne songe pas, comme le Byzantin ou l'Italien, à ces précieuses portes sculptées qui vous arrêtent au lieu de vous conduire. Il lui eût déplu de reconnaître au Baptistère de Florence, dans l'œuvre de Ghiberti, les équivalents de métopes entassées. Il eût été moins choqué par l'idée romane et gothique, où la porte ne présente qu'une œuvre de menuiserie et de serrurerie, tandis que l'ébrasement, avec ses statues enseignantes incorporées à la pierre de l'édifice, dispose, d'un doigt levé, l'âme à la présence, à la parole de Dieu. Et puis, dans une décoration de tableaux ou de registres superposés, l'œil ne voit pas ceux du bas avec les mêmes dimensions que ceux du haut, dont le détail lui échappe ; Michel-Ange trouvait les portes de Florence dignes de fermer le Paradis, mais Hephaistos, s'il avait reçu une commande pour celles de l'Olympe, les aurait conçues différemment.

Dans le temple grec, l'intérieur et l'extérieur sont pour le regard à peu près indépendants, et ni l'enveloppe de colonnes ni la décoration ne désignent l'ordre ou la nature des salles. Au contraire, les nécessités de leur construction et le goût qui s'en développa conduisirent les architectes du moyen âge à faire du dehors le repoussé du dedans, et les mêmes nécessités inclinèrent les Propylées vers la même idée architecturale. Ils annonçaient, indiquaient l'Acropole, ainsi que fait des trois nefs le triple porche gothique. Les deux ailes esquissaient cette distribution de la colline en deux moitiés souples, comme les deux parts du corps humain, gouvernées par l'épine dorsale de la Voie Sacrée, et dont l'une portait le Parthenon, l'autre l'Erechtheion

Placés à la charnière de l'Acropole, sur une croupe, ils épousaient les formes du terrain, ils acceptaient, ils accusaient, ils utilisaient la différence des niveaux. Ils transportaient dans le comble le rythme de l'escalier. En avant, le temple de la Victoire ouvrait légèrement son mince fronton, premier degré d'une ligne où d'autres frontons s'élevaient en hauteur croissante, se développaient aux yeux comme des degrés sous la marche : le toit incliné de l'aile Sud, les deux frontons du Propylée central, peut-être celui d'un petit temple ou trésor d'Athéna Erganè, et le tout menant au quatrième (ou cinquième) et définitif triangle du Parthénon. Ainsi, la face Ouest du grand temple, qui de près, était encombrée un peu, de loin prenait sa pleine valeur, apparaissait après des transitions claires, et préparée par un piédestal vivant. Tandis que le soubassement des Propylées ne comportait pas de courbure (les changements de direction l'eussent brouillée et brisée), la courbure modelait au contraire l'entablement, en harmonisait les lignes avec celles du Parthénon. Mais seul le dernier et le plus haut fronton, celui du grand temple d'Athéna, étendait avec gloire un champ peuplé de statues. Les autres, vers lui marchant et progressant, allaient à la forme parfaite et pensante, et lui proposaient, dans la troisième dimension, ces mêmes degrés transitoires, raisonnables et justes, qui, de la racine au faîte, conduisent l'œil sur la hauteur d'une façade dorique.

Nous savons aujourd'hui que les Propylées ne furent jamais terminés. Certaines amorces, tant à l'extérieur qu'à l'intérieur de l'enceinte, ont permis à M. Dörpfeld de préciser, avec une certitude que quelques hypothèses allongent, le plan primitif de Mnésiclès. A l'intérieur, les deux angles que forment les ailes avec le Propylée central devaient être bâtis, occupés par de grandes salles ; — à l'extérieur l'aile Sud devait avoir la même étendue que l'aile Nord, et le pilier d'ante isolé devant elle indiquait le sens de l'extension projetée. M. Dörpfeld ajoute — mais ce n'est plus là qu'une impression — que les ailes avaient probablement une destination religieuse, que la Pinacothèque, avec ses fresques analogues à celles de l'Erechtheion, devait être prévue comme chambre de culte, et que son plan est celui d'un temple, dont les titulaires auraient pu être Hécate, ou les Grâces...

La raison de l'inachèvement est peut-être dans le manque de ressources quand la guerre de Péloponèse eut éclaté, mais aussi et certainement dans l'opposition de ceux qui gouvernaient les enceintes sacrées, sur lesquelles il fallait que l'aile Sud empiétât pour se développer. Conçu avec l'espoir d'amener à composition les deux divinités voisines, d'Athéna Nikè et d'Artémis Brauronia, le projet de Mnésiclès fut barré finalement par leur attitude intraitable ; de sorte que les vicissitudes des Propylées nous ouvrent un jour curieux sur les origines de l'Acropole péricléenne. Il y avait de la politique là-dedans, et plus de politique que de religion. Selon Furtwangler, les Propylées et le Parthénon étaient les monuments des démocrates, les vieux sanctuaires étaient ceux des conservateurs. Les Propylées surtout, innovation somptueuse qui ne s'élevait pas sur un emplacement consacré, étaient mal vus du parti qui tenait pour les traditions ; les contrecarrant, il pensait humilier, par la voie d'un détour, le prestige et l'œuvre de Périclés. Et comme ce parti était puissant, Périclès conciliait le peuple au Parthénon et aux Propylées, sous un prétexte grandiloquent, en faisant, de ces chantiers, des ateliers nationaux, où les travailleurs libres, les « électeurs » étaient seuls admis, où les salaires étaient élevés. Une racine (oh ! petite et négligeable et que doit désigner seulement un sourire) de cette beauté sur l'Acropole, plonge dans une petite mare, en tire peut-être quelque fraîcheur : « Monsieur, me disait à une table d'hôte de chez nous un voyageur de commerce, dans ma commune il y avait autrefois vingt musiciens. Au temps du père Combes, quand la bataille politique marchait, on a fait deux fanfares rivales qui en comptaient quatrevingts. Puis, l'apaisement venu, elles se sont dissoutes, et de leurs morceaux on a eu bien de la peine à former celle d'aujourd'hui, qui a quinze membres, pas de trombone, et qui végète. » Aux Propylées, l'angle sud-ouest des murs, biseauté pour ne pas mordre sur la clôture pélasgique d'Artémis Brauronia, me fait bien voir ce que l'Acropole a perdu aux petites passes de la politique ; mais elle a perdu aux petites parce qu'elle était née des grandes, et c'est d'ailleurs à la mesure de l'Acropole qu'elles nous paraissent petites ou grandes.

Les Propylées, faits pour achever l'Acropole, euxmêmes ne furent donc pas achevés, et dans leur détail encore ils l'attestent. Les rainures, les tenons, les refends, laissés par les constructeurs en vue d'une mise

au point définitive qui n'eut pas lieu, maintenaient au
marbre, avec les marques de la croissance, un élan de
poussée juvénile, un débris de cire qui s'attache au miel
pour le relier à la ruche. Le génie du lieu, peut-être,
avait pesé doucement pour qu'on ne les effaçât pas, et
que persistât sur l'édifice, avec une beauté plus fraîche,
comme aux visages des dieux adolescents, le duvet de
la jeunesse. Le goût attique paraît l'avoir senti. Après
Périclès, quand il eût été si facile de mettre le monument
au net, on laissa pourtant, sans y toucher, ces amorces.
Sur le seuil de monuments qui signifient, patiente, sûre
et par degrés, la libération de l'esprit, j'aime, et peut-
être les Athéniens aimèrent, qu'un peu de matière,
comme signe retenue, demeure, hors laquelle se font un
mouvement, un progrès, pareils aux pas qui sur ces degrés
montent. Ces refends paraissent, dès le stylobate, annoncer imperceptiblement les cannelures des colonnes, penser
confusèment à même les marches ce qui deviendra les
triglyphes nets de la frise. Il y eut là comme dans l'évolution de la vie un accident heureux, qu'après coup l'on
garda, et que l'appareil à bossages reproduisit. La légende
faisait fleurir d'un tel hasard le chapiteau corinthien,
et l'ordre dorique lui-même, en tant qu'il se rattache à
l'architecture de bois, était né de pareilles rencontres,
retenues, fixées, ordonnées.

Je ne sais non plus si, de même que cet inachèvement
des pierres, celui des ailes ne fut pas, tout compte fait,
accepté comme juste, et cela, peut-être, déjà, par Mnésiclès.

Les Grecs ne recherchaient pas exagérément la symétrie,
et même ce qu'ils appelaient des « symmétries » était
bien le contraire de ce doublement mécanique et froid.
Aux Propylées comme dans l'ensemble de l'Acropole,
la nature même du terrain l'interdisait. Quand on les
commença, le temple d'Athéna Nikè était probablement
construit, tout au moins projeté. Lui et son socle impo-
saient déjà une rupture de symétrie entre les deux ailes.

Rupture qui ne pouvait d'ailleurs aller, comme dans l'Erechtheion, à remplacer les ailes par des portiques différents et indépendants : l'existence des ailes est bien impliquée par la logique architecturale de l'édifice, que règle le nombre deux, et où la différence des niveaux parallèles, dans le Propylée central, a pour correspondant, du milieu vers les côtés, une différence des niveaux perpendiculaires. Les ailes servaient à garder dans l'entablement le rythme général de la montée. Elles pouvaient, elles devaient exister sans procurer une symétrie complète, qui eût roidi cette montée, l'eût mise en contradiction avec l'ondoiement souple du chemin.

Dans le plan primitif, tel que le restitue M. Dörpfeld, l'aile Sud s'ouvrait à l'ouest par une colonnade au lieu de se fermer, comme l'aile Nord, par un mur. Ainsi la symétrie apparente n'aurait été rompue que pour rendre plus juste l'équilibre réel. Cette colonnade ouverte sur l'enceinte d'Athéna Nikè acceptait le petit temple dans le rythme des Propylées, au lieu qu'un mur l'en eût exclu, eût fait de lui un suppliant devant une porte. Mais, l'existence du petit temple étant donnée, la solution qui, par nécessité, prévalut, ne pouvait-elle sembler, sinon à Mnésiclès, qui tenait à l'intégrité de son monument, du moins aux Athéniens de goût, légitime autant que l'autre, et conforme, elle aussi, à une logique vivante ? Ce n'était pas seulement l'enceinte d'Athéna Nikè qu'il fallait respecter pour des raisons religieuses ou politiques, c'était la forme et le poids de son temple qu'il ne fallait pas présenter aux yeux comme une surcharge, c'était cette grâce et cette légèreté ioniques qu'une matière surabondante de l'aile Sud eût glacées. De sorte qu'il était en somme très naturel que l'aile Sud fût plus petite que l'aile Nord, parût, en face d'elle, inachevée, et perdît comme Propylée ce que le petit temple lui ajoutait d'ailleurs.

Regardez les Propylées d'en bas, de l'ancienne fontaine Enneacrounos. Là peut-être l'architecte et les connaisseurs vinrent rêver leur perspective, parmi les groupes d'Athéniennes qui puisaient l'eau du soir, et soucieux seulement qu'Athènes portât les monuments de son Acropole aussi purement que les lignes d'une femme grecque s'achèvent, dans l'amphore, à son front. De ce point l'angle Nord paraît l'angle fort : de ce côté où les Perses escaladèrent la citadelle, à lui de symboliser la défense ; le plateau en tombe à pic, en tourne droit, épaule carrée de guerrier. Mais, au midi, le Pyrgos, comme le donjon dans un château de la Renaissance, garde de l'appareil militaire seulement le signe d'une santé robuste et d'un corps en éveil. Il ne sert que comme piédestal au petit temple ionique, ainsi que les tours de Chambord à la forêt givrée des toits. A mesure que l'on s'élève du piédestal encore défensif à la plate-forme lumineuse, la bataille devient victoire, la Victoire s'idéalise, monte légère, va prendre son vol. Le rebord du plateau, ici, tourne lentement, développe au regard la colonnade et le fronton du Parthénon. A l'épaule virile de Nord s'oppose l'élan d'une aile allongée.

Le plan des Propylées admettait donc un côté plus massif et un autre plus aéré, celui-ci commandé, indiqué par le sanctuaire de la Victoire. Leur rythme était donné comme un équilibre entre deux ailes inégalement ouvertes, l'aile de force et l'aile d'espace. Les variations que subit le plan de l'aile Sud tournaient autour d'une idée commune, celle d'ampleur et de légèreté. Les deux roses latérales de son église, Amiens les appela rose de terre et rose de mer : ainsi les Propylées fleurissent différemment vers l'horizon de terre et l'horizon de mer, vers l'Attique et la mer Egée. Ils annoncent en langage d'architecture ce qu'au dernier plan des frontons étagés la sculpture du Parthénon épanouit : le versant d'Athéna qui développe ses divinités chthoniennes, et le versant de Poseidon d'où monte le cortège marin. Double génie

Les Propylées et le Parthénon

qu'entrelace tout chef-d'œuvre athénien, celui de racines solides et de précision probe, celui d'accueil et de mobilité ionienne. La logique et l'ordre montent par les mêmes voies que la procession des Panathénées.

Les Propylées ne comportaient pas de sculpture, mais l'esprit de la sculpture, eux aussi, les inspira. Le génie grec avait, dans la représentation de l'homme, rompu avec la symétrie, avec la loi de frontalité, et dans ce sens, à cette époque, il raffinait encore : les sculpteurs résolvaient de merveilleux problèmes d'équilibre, et Polyclète donnait l'exemple de faire porter le poids du corps sur une seule jambe. Le génie du rocher palladien impose à Mnésiclès, dans les Propylées, une de ces dissonances harmonieuses. Les différences, de niveau, les lignes irrégulières des remparts, les sanctuaires à ménager, furent ici l'élément de mouvement et de vie qui donna au plan primitif son *clinamen*. Ces difficultés posent, pour Mnésiclès, des problèmes d'architecture, comme celles de peindre une surface telle que la voûte de la Sixtine placeront Michel-Ange devant des problèmes de perspective. Alors, chez tous deux, les mécomptes mêmes, les changements nécessaires de plan, s'incorporent à la courbe vivante que leur génie épouse, et qui, sur les obstacles rejaillit en beauté.

Courbe vivante, qui déjà contient le rythme essentiel de la colline, l'entrelacement du dorique et de l'ionique. Ce rythme avait dans les constructions successives de l'Hekatompédon un précédent. Ce qui conduisit Mnésiclès, ce fut la logique même de l'édifice, et un peu de réflexion nous fait concevoir qu'il ne pouvait, en ce point, procéder différemment. L'innovation était de construire des Propylées monumentaux, dont il n'y avait pas encore d'exemple, et, le genre une fois posé, le mélange des deux ordres en découle. A l'intérieur d'un temple dorique, les Grecs ne reproduisaient pas les colonnes doriques de l'extérieur. Elles y eussent déployé un effet de masse disproportionné avec le plafond qu'elles supportaient. Surtout, tandis qu'au dehors, elles sont allégées, aérées par la lumière, au dedans elles eussent, par leur épaisseur et leur poids, rapetissé la salle. Qu'on se souvienne de la salle hypostyle, à Karnak, qui est plutôt peuplée de colonnes que portée par des colonnes. L'œil eût été troublé de retrouver dans le demi-jour ou la quasi-ténèbre les mêmes supports qu'il avait vus dans la lumière. Aussi dédoublait-on, en hauteur, la colonnade, en superposant une petite colonne à une grande et c'est ainsi et pour les mêmes raisons que procéderont souvent les romans et les gothiques. Il y fallait évidemment une science avisée des proportions. La pleine lumière ne l'eût pas toléré, mais dans l'ombre le motif de la colonne dorique flottait ainsi délicatement. La grande colonne était en haut prolongée par la petite, comme elle l'était extérieurement par les triglyphes ; et la délicatesse des caissons, du plafond étoilé, était comme annoncée et ménagée par cette atténuation des supports.

 Aux Propylées, l'intérieur peu profond et abondamment éclairé ne pouvait admettre ces colonnes doriques dédoublées. Il n'admettait pas davantage la colonne dorique simple. L'architrave intérieure étant surélevée sur l'architrave frontale, les colonnes en effet eussent dû être plus grandes et plus fortes au dedans qu'au dehors. Mais même lorsque les tympans, comme aux Propylées, sont lisses, le poids de l'entablement est bien plus sensible à l'œil sur les colonnes extérieures que ne l'est le poids du plafond sur les colonnes intérieures. Le regard aurait donc été dérouté, trouvant le support le plus faible là où il s'attendait au plus fort. Ces deux solutions écartées, une seule restait, nécessaire, celle de l'ordre intérieur ionique.

On s'en rend compte, aujourd'hui qu'une colonne ionique a été redressée avec la partie correspondante du plafond. La colonne ionique, d'apparence plus allongée et plus

Frise en place du Temple de la Victoire Aptère

svelte, prend place là précisément où la différence du niveau entre les architraves exige une colonne plus haute. Mais elle prend place aussi là où la différence entre le poids apparent de l'entablement extérieur et du plafond intérieur demande une colonne moins robuste. Le langage m'oblige à marquer un avant et un après quant tout, dans l'idée architecturale, s'enchaîne en une intuition simultanée.

Les portes de l'Acropole, si elles avaient retenu les yeux par leur détail, auraient outrepassé leur fonction. Mais, dans une œuvre qui ne comportait pas de sculpture, l'ordre ionique mettait, avec des éléments simples d'architecture, la grâce et la flexibilité. Plus hautes et plus légères que les colonnes doriques, et bordant, comme des arbres un ruisseau, le chemin canalisé, les colonnes ioniques participaient au rythme même de la montée. L'ordre féminin, à l'intérieur, accueillait doucement, et je pense aux jeunes servantes d'Homère à qui l'hôte, pour le repas, confie l'hôte pour le baigner.

D'ailleurs, au voisinage du dorique et dans cette place disciplinée, les colonnes ioniques prennent plus de robustesse et de santé que n'en admettait, jusqu'alors, leur ordre. Solides, intrépides, elles sont proportionnées au poids de la puissante architrave de marbre qui gît brisée sous elles. Leur fût n'est plus monolithe, mais construit, comme dans le dorique, de tambours. La pureté parfaite de leurs chapiteaux voile de sobriété l'expansion luxueuse des volutes ioniques. Elles sont prises dans une règle, et, sur le chemin du Parthénon, se façonnent à la loi.

Sous le portique clair où s'enchaîne la procession des pensées, je cherche la place de cet Hermès Propylæos que sculpta pour les Propylées Alcamène, et dont les fouilles de Pergame nous rendent peut-être une copie. C'était un Terme, comme ces Hermès de carrefour, chers aux citadins d'Athènes, comme ces Hermès des voyageurs posés aux croisements des routes, où le piéton

trouvait depuis Hipparque une sage maxime inscrite,
un figuier, un banc. Aux portes de la ville, de la citadelle, de la maison, ce même Hermès figurait comme
dieu des marchands, dieu des chemins, dieu des enfants
et des éphèbes, dieu messager aux talons ailés. La tête
barbue sur un socle carré, l'adolescent rapide qui traverse l'espace, portent le même nom, disent la même
fonction, l'instant transitoire qui mène de la matière
à la forme, la raison d'existence que toute l'Acropole déclare. Partout, ici, le regard en bas se charge de
la graine que les hauteurs des monuments feront fleurir,
et l'Hermès sans bras autrefois faisait signe, par son
malicieux sourire, de ne pas s'attarder à l'excès dans la
pureté nue et la perfection lisse des Propylées.

A peine les avait-on franchis que l'on apercevait
d'abord, à l'endroit où se trouve le bénitier dans une
église, la petite enceinte d'Athéna Hygieia. Avant d'aborder, en la déesse, l'intelligence, du regard jeté sur sa première image on invoquait en elle la simple et bonne
santé. Puis paraissait le colosse armé, la Pronaia, la
Promachos de bronze, et l'on se dirigeait vers l'enceinte
d'Erganè. Ainsi les trois images d'Athéna qui sur la
Voie Sacrée précédaient la déesse définitive de Phidias,
c'étaient l'Hygieia, la Promachos et l'Erganè, la saine,
la combattante et la travailleuse. Au fronton du temple
elle sort du cerveau paternel, par une Immaculée Conception qui la libère de l'enfance animale. Mais il n'appartient qu'à Zeus de penser ainsi la perfection dès
l'abord, d'engendrer Athéna comme la pensée divine se
pense elle-même. La connaissance humaine implique des
Propylées, elle se construit de dialectique et de progrès,
par une patience qui est la dimension longue du génie,
par un passage de l'inférieur au supérieur et de la puissance à l'acte. Le chemin de l'Acropole nous place avec
sûreté sur cette branche de saisons mûrissantes ; le sein
de ses Heures ne connaît pas les battements précipités.

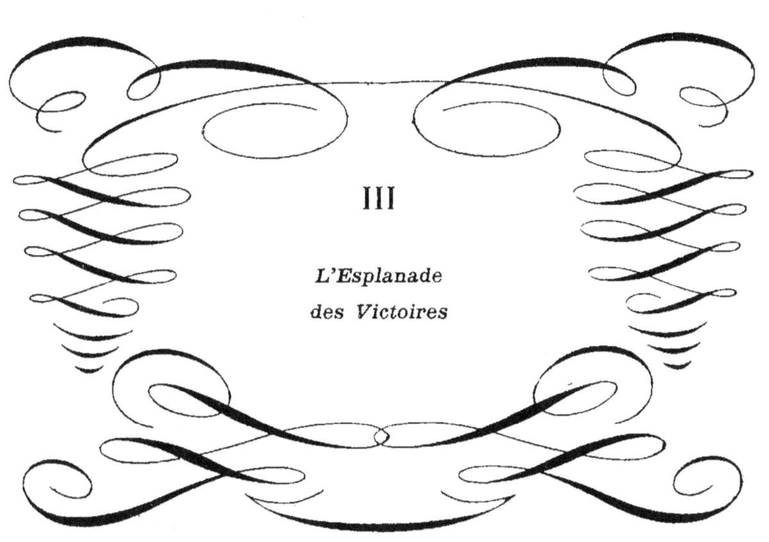

III

Le temple d'Athéna Nikè, brin de myrte entre les dents, que découvre pour nous le sourire d'accueil, au bord extrême de l'Acropole, au-dessus du chemin qui monte, il est suspendu, hésite. Plus près, il incline une tête de persuasion et de grâce, de grâce, en avant des belles Propylées, plus belle que leur beauté. Si fragile, si découvert, si désigné pour tous les coups, comment le voilà-t-il encore ? Contre les Propylées, il évoque le *Chêne et le Roseau*. Comme il a plié, le mince roseau ionique, plié jusqu'à terre, toutes ses pierres abattues, et prises, ainsi que l'arbuste dans la boue d'un torrent, par la maçonnerie d'un bastion turc ! Peut-on croire que des archéologues allemands l'aient redressé pierre à pierre ? Ne s'est-il pas relevé seul, de sa flexible poussée, quand l'orage fut passé, et le soleil revenu ? Il nous fait signe que rien ici n'est détruit, et que l'Acropole entière derrière lui va refleurir, sous les pas et la lumière d'une fidèle pensée.

Temple, exactement, de la Victoire, et d'Athéna que rien n'abat durablement. Voyez, au Musée, le groupe archaïque de sa lutte contre les géants fils de la terre, et contre les forces brutales du torrent, et le Turc, déjà. Elle avance, d'un pas calme et d'une lance irrésistible, sur la brute atterrée. Son visage impassible et lucide ne permet pas que ce duel soit tenu pour une bataille hasardeuse ; on voit, et elle-même sait avec clarté que la Victoire n'est point sa fortune, mais son acte et son être.

Pourtant il garde, le petit temple de la Victoire, ses traces de bataille. Refaite, en partie, de matériaux grossiers, la cella n'a pas retrouvé tout son marbre pentélique. L'œil y désire les beaux blocs, la tranche lisse, cette robustesse de dos et de flancs nus, qui s'alliait à la draperie dénouée, plissée, des colonnes ioniques. Le fronton disparu laisse au temple maintenant une forme carrée, où sa légèreté triomphe encore, plus inattendue, et qui le conforme, d'une vivante sympathie, à la mutilation des Propylées. De la frise, courante et simple, les têtes ne sont plus, il n'en reste que les corps, les draperies, les attitudes, elle se réduit à un motif pur, indéterminé, sans sujet ; ses bandeaux, comme une grecque, font un rythme abstrait de lignes, et ses têtes, comme des fruits mûrs, tombées, laissent plus libre l'essence plus nue de l'ionique.

Temple de la mer, et de l'espace, et du double azur. Quand nous sommes assis sur cette esplanade il prend, dans son poids de marbre, notre regard, et le gouverne. Comme une fleur se penche, il le répand sur la mer Egée, sur cette route de mer pareille aux routes de l'air où les abeilles transportent le pollen. La vie et l'audace, la raison et la beauté y circulaient comme des formes, et les voiles inclinées y glissaient comme de vives idées dans une lucide intelligence. Que chante pour vous la carte de l'empire athénien : tribut des Iles, tribut de Thrace, tribut d'Hellespont, tribut de Carie ! Et sous

L'Esplanade des Victoires

vos yeux, autour d'Athènes, ce même nom, qui consacre son empire, ne reparaît-il pas ? Tribut d'Italie, tribut de France, tribut d'Allemagne, tribut qui dépose ici pour refaire l'idéale colline la patience et le génie d'Occident.

Ce temple, on a coutume de le comparer, si gracile et de biais sur son coin de bastion, à un oiseau un instant arrêté. Mais son attitude paraît celle de la plus charmante entre les Victoires posées jadis à sa balustrade, la jeune fille qui rattache ses sandales. Et je pense aussi à un jeune visage, tourné vers la lumière ou vers un sage ami, et qui interroge. Qu'il s'oppose à l'emphatique et raide piédestal d'Agrippa, dévié comme lui de l'assiette droite, mais pris dans une attitude de décision et de commandement, et qui paraît exercer sur cette entrée un contrôle administratif ! Présence d'une giroflée dans un mur, grâce, sœur des voies ondulantes, et des volutes roses que portent ces voies, et des pas qui les polirent, sœur aussi, sœur aînée de la ruine d'aujourd'hui. Il pose à notre droite l'eau lustrale où les yeux, d'abord, puisent un peu de la fraîcheur dont tout, sur l'Acropole, vint en fleur, en rosée, en joie.

Dois-je croire que cela ma fantaisie l'y met, et que les mêmes pensées simples n'étaient pas vivantes dans l'architecte qui appropria soigneusement cette beauté à ce lieu ? Le simulacre en bois d'Athéna victorieuse, que la tradition enracinait ici, ne paraissait-il pas à cet Athénien comporter, à défaut des ailes qui appartiennent aux Victoires, quelque idée aérienne, et rendue par le temple même, de légèreté, de vol, d'espace ? Quelle intuition guidait sa main, quand, sur la cire, son stylet posait le plan du monument rêvé ? Ne vint-il pas le dessiner là même où il le devait construire, sur cette esplanade suspendue ? De là se développaient ce même horizon triomphal, cette sculpture, l'une par l'autre, de la terre et de la mer, des caps et des baies ; la cité proche impatiente d'espace ; les Longs-Murs descendant

par la verte campagne, et dévalant fiers et droits vers
le Pirée comme deux files d'hoplites, force de la République en marche ; le port ainsi qu'une ruche de voiles ;
Ægine domptée, première pile du pont athénien vers
l'empire des îles et les conquêtes plus lointaines ; Salamine allongée sur le détroit, témoin de la déroute per-
sique, et visible figure de cette Victoire dont le temple
se construisait : sur Salamine, centre du paysage marin
ne posa-t-il pas les yeux, comme Phidias, en modelant
le dieu d'Olympie, avait tenu sa méditation sur trois
vers d'Homère ? Et de cette étendue docile, de ce ciel
dont la carrière bleue aspirait, comme un vallon cristallisé du Pentélique, à la forme, de cet horizon qui s'in-
fléchissait sous la pensée, comme, au Parthénon, l'épaule
nue, sous le vase plein, des jeunes hydrophores, de cette
Victoire qu'il tenait de ses pères, et de celles-là qu'il
voulait pour ses fils, de toutes ces fleurs ne développa-t-
il pas, dans la cire d'abeilles, le dessin de l'œuvre qui
pose, sur ce marbre, un rayon si menu de miel lourd ?

Ainsi que tous les architectes de l'Acropole, celui-là
dut penser son monument en sculpteur, et du temple de
la Victoire, il voulut faire une Victoire. Elle posait juste
à cette pointe le pied qui avait fendu l'espace. Et plus
qu'à celle de Samothrace, je songe à l'Olympique de
Pæonios. Vous souvient-il ? Elle ne s'abat pas d'un vol
capricieux, elle ne se précipite pas avec le hasard d'une
fortune aveugle ; elle ne se tient pas non plus droite et
fixe comme une nécessité, une exigence de justice et de
raison. Mais elle paraît traduire en mouvement, en attitudes, cela même qu'aperçoit, par le discernement des
causes, l'intelligence de Thucydide. Elle est faite, la
Victoire, de l'équilibre entre deux ailes, fortune et raison. Les influences de l'air, la bienveillance des dieux,
y sont nécessaires au même titre que l'énergie de l'homme,
et, du même langage que le retour d'Ulysse, la construction de l'Acropole l'atteste. La Victoire pæonienne ne

le manifeste pas de ses ailes mêmes, subies plutôt par le sculpteur, posées par la légende et non utilisées par l'art ; mais, transposition toute grecque, c'est dans le corps seul, et dans ses harmonies délicates, que se répand et s'exprime l'idée plastique des ailes. La jambe nue et la jambe voilée, l'une de mouvement et l'autre de repos, figurent, au moment où elle s'abat doucement, la Victoire porteuse de palme.

Ce marbre de Pæonios, au musée d'Olympie, me fait mieux comprendre le petit temple ionique. Sur chacune des faces orientale et occidentale, les quatre colonnes élancées, ruisselantes de cannelures droites, donnent à l'édifice son enveloppe de souplesse et de richesse ; elles le ceignent d'une frémissante draperie qu'un passager arrêt immobilise, elles posent la jambe voilée. Mais sur les deux autres côtés, dans l'alignement des colonnes d'angle, les murs de la cella, droits et lisses, paraissent à plein. Voilà la jambe nue, et, plus amplement, cette chair du temple que les colonnes ioniques, dans leur chute de plis ou d'ailes, découvrent et couvrent. Voilà les hanches robustes. La cella n'est pas contenue dans les colonnes, mais étendue au niveau des colonnes angulaires elle y maintient deux coulées de résistance et de repos. Les Grecs n'eussent pas donné à un petit temple la forme périptère. Des colonnes sur quatre faces eussent accablé d'ailes un grêle corps. Quand ils voulaient associer cette disposition à l'exiguïté du temple, ils adoptaient la forme circulaire de tholos, qui, en supprimant les angles, en assouplissant la ligne, en arrondissant l'édifice netier comme une section de colonne, lui permet de se dérouler sans lourdeur, et fait des colonnes pour la cella, ce que sont, pour chaque colonne, ses cannelures.

Ce temple de la Victoire ne se sépare pas des Victoires ailées, disposées sur sa balustrade extérieure comme la merveilleuse vapeur des mers, et dont les débris, dans la

dernière salle du Musée, ne nous le laissent plus quitter.
Victoires ailées mais si fragiles et mouvantes, sur un
rebord si témérairement posées, sur la terrasse ailée
comme elles ! Génies du lieu, génie de leur temps, été
de la Saint-Martin sur Athènes, précieux fruits qui
vont tomber et se détruire en graines ! Il semble qu'on
y reconnaisse deux mains, ou plutôt ces deux divergences,
qui naissent toujours après un point de maturité, et qui
recouvrent sous une fantaisie végétale de ruines les
lignes nues de la perfection.

L'auteur des Victoires aux Taureaux et de la plaque
brisée qui les accompagne, est épris de pathétique ; ses
Victoires marchent dans une allure tourmentée. Les
draperies sont moins moulées du dedans par le mouvement du corps que plaquées pour l'effet et disposées
par un vent théâtral.

Mais l'auteur de la Victoire à la sandale est un maître
de volupté délicate, et nous évoquons Corrège ou notre
XVIIIe siècle. Jamais le marbre n'approchera de plus
près la souplesse de la peinture, et rien n'y surpassera
en raffinement cette ligne qui, de l'épaule à la jambe
gauche, ondule, relayée sous le sein par la draperie, ploie
comme une branche d'amandier dans les plis diaphanes
du vêtement. La main de l'art délivre en se jouant les
secrets de la vie, l'offre, parmi cette buée de laine légère
et mouillée, comme un fruit entre ses fleurs. Ce mouvement immobilisé de la Victoire qui rattache sa sandale,
c'est le mouvement insignifiant et gracieux traité para-
doxalement pour lui-même. Il met dans l'art attique le
pendant de ce qu'est dans l'art péloponésien la pose
du petit *Spinario*. La sculpture, arrivée à l'expression
parfaite du glissant et du fluide, ne dépasse plus seulement la loi de frontalité, elle s'amuse de cette loi, elle
la dissout dans une souplesse ironique.

Ce temple et son esplanade, maintenant que je suis
plus sensible à leur légèreté, à leur fuite, à quelque indul-

La Victoire rattachant sa sandale

(Musée de l'Acropole)

gence dernière où collaborent leur pierre et leur destinée, ils me paraissent sur l'Acropole ce qu'est à l'église un clocher gothique. Dans la prépondérance grecque des lignes horizontales, donnée ici dès le rocher même, dès l'aire large de ses fondations, le motif de la fuite prend, lui aussi, une direction horizontale, et s'accorde à l'ensemble architectural de plates-bandes ainsi que la flèche dentelée, aérée de ciel libre, continue l'élan des voûtes. Il ne perce pas dans une poussée l'azur supérieur et les nuages, mais, vers l'azur latéral de la mer, il s'incline et rit comme une voile sous la brise. Il me souvient des lignes où Mallarmé, à propos de Banville, prend ce jet de la pierre pour signe, sur la poésie, de la fantaisie lyrique : « J'attends que, chauve-souris éblouissante et comme l'éventement de la gravité, soudain, du site par une pointe d'aile autochtone, le fol, adamantin, colère, tourbillonnant génie heurte la ruine ; s'en délivre, dans la voltige qu'il est, seul. » Ces images intempérantes, sur la terrasse des Victoires, je les ramène à une direction, à un sourire, à un fil, à la seule petite flèche qui désigne le sens d'un courant : la pointe de l'Acropole, fleur de la vue libre, fraîche respiration de l'espace, un extrême aussi de fragilité qui va, comme glisse du sein la transparente draperie de la Victoire, se défaire.

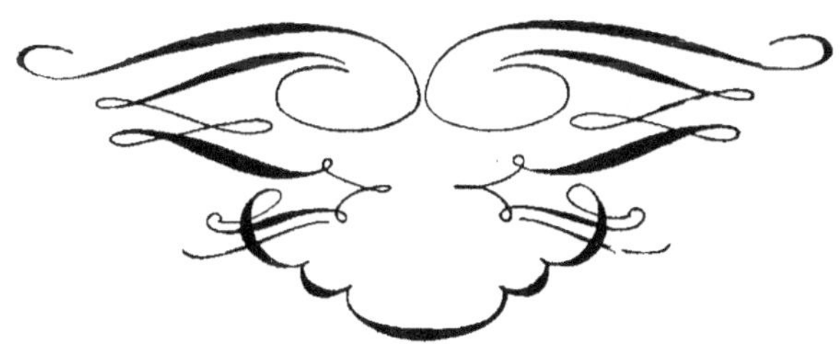

Victoire au Taureau
(Musée de l'Acropole)

IV

Sous le signe
d'Agrippa

L e long de ce chemin affleure le morceau de roc, usé, patiné, lissé par tous les pas qui l'ont touché. Il paraît un de ces blocs de neige demeurés en juillet sur un hubac. On reconnaît les trous qu'ont faits les pieds des bœufs, on sent le grain serré de la matière qui résiste, une durée épaisse qui, parmi ces impérieuses marches de marbre et leur ruissellement de soleil, refuse doucement de fondre.

Par lui, sont passés tous les petits cultes locaux, qui montaient de l'Attique, qui secouèrent, au coin de ces Propylées, leur sandale chargée de terre, et l'ayant, comme la Victoire, rattachée, vinrent prendre dans la lumière les lignes d'un visage tranquillisé. Et quand ce passage du local à l'humain fut achevé, quand l'atticisme désigna moins un goût de terroir que la fleur suprême de la culture, Rome fit avec rudesse son acte de possession, comme d'un héritage dû, marqué par sa loi. Au bout du plateau, son temple rond, la trace circulaire qui en demeure dans l'herbe, met, en vertu de cette fonction, sur l'Acropole, un sceau large et définitif.

Rome ! Et d'abord nous songeons à une déchéance. Devant la porte Beulé, devant ces pylônes et cet escalier monumental que l'âge romain plaça, comme des Propylées encore, en avant des Propylées, je pense aux temples égyptiens de Karnak que les Ptolémées accroissaient indéfiniment par leur entrée, en y construisant de nouveaux pylônes. Ainsi à l'Acropole un goût de magnificence épaisse ajouta de la quantité. Mais construire ainsi l'Acropole, n'était-ce pas la démolir en esprit ? On voulait faire descendre le plus bas possible les Propylées, combler la différence entre le rocher et la plaine. Alors les Propylées de Mnésiclès cessaient d'être des Propylées. Ils se voyaient, par les tours romaines du bas, dérober leur fonction. Tout ce que, posés à pic sur le versant ardu, ils gardaient de sursaut, de vigilance et de fierté, maintenant, par l'escalier romain, s'affaissait et s'écoulait vers la plaine.

Pourtant, cet escalier, je l'expliquerai sans rancune, car c'est lui qui fait, sur l'Acropole, que nous y sommes. Les dimensions modestes de ses deux tours prévenaient qu'on ne les comparât point à celles des Propylées, et figuraient, à son entrée, deux simples chiens de garde. Il était voulu par l'avènement d'un goût à la mesure et selon la pompe de l'Empire romain. Le sentier de montagne paraissait grêle et d'une Athènes un peu rurale. Avec ces marches monumentales et l'Odéon d'Hérode Atticus, l'Acropole s'est, en bas, revêtue, comme les cascades d'Hiérapolis, d'une concrétion blanche de marbre. Le lit d'un fleuve majestueux, en sa maturité, remplace sur ces gradins le jeune et léger torrent attique. « Ta cella croulerait s'il lui fallait contenir une foule, » s'écrie Renan. Pour cette foule qui venait des âges et que prévoyait sous la visière baissée de son casque l'Athènes de Périclès et d'Isocrate, pour cette foule qui nous porte ici, le génie de l'Empire a disposé cet escalier. Son ampleur, sa clarté un peu crue de lieu commun, lui donnent un aspect de développement cicéronien. Il met, sous nos pieds, le chemin de durée latine, sans lequel l'Acropole eût tournoyé et fût morte, comme une fleur ignorée.

Le piédestal qui imposait emphatiquement à ces marches la statue d'Agrippa, il ne me déplaît pas d'y saluer en passant l'image nécessaire de l'ordre. Tête ample, bien construite, méthodique et froide, ce gendre d'Auguste, cet organisateur de la Gaule, place sur l'Acropole la vigilance de l'Empire. Et même la voie romaine par laquelle il nous conduit, nous l'imaginons plus indestructible encore. Aux premiers jours de l'Empire, le nom d'Agrippa représenta ce principe de l'adoption, qu'Auguste n'eut pas le courage ou la lucidité de choisir, et qui, survenu par le hasard de cinq Antonins sans descendant, éleva sur le monde, pacifié comme un temple, ·le fronton le plus pur de l'histoire.

Notre piédestal d'Agrippa à nous, la marque de notre conquête et de notre administration d'Occident, c'est, à l'extrémité opposée de l'Acropole, le Musée. On souhaiterait que toute la dépouille du Parthénon, partagée entre Londres et Athènes, fût réunie dans ce petit et précieux Musée de l'Acropole, — et il est possible que cela arrive. Un musée, il nous le faut bien ici. Les formes de beauté, qui sont aujourd'hui les nôtres ont pour monument type, pour lieu, le Musée, cela même qu'étaient au moyen-âge, l'enceinte sacrée chez les Grecs. Nous relevons du Musée et de la Bibliothèque, comme le croyant du XIIe siècle relevait de la cathédrale et de l'Ecriture. Même avant que j'y entre, et simplement en le voyant tapi, dans son creux de silence, comme le hibou d'Athéna, ce musée de l'Acropole m'enchante d'une note juste, d'un ordre. Je lui sais gré d'être là,

de garder, sur la colline, un coin, une ruche de paille
où le butin de cette colline soit recueilli, classé, recons-
truit dans ce monument de l'esprit qu'est une méthode,
une vue scientifique. Je lui rends grâce d'être quelconque, un entassement discret de moellons : la moindre
prétention d'architecture serait ridicule, lui donnerait, sur
l'Acropole, figure d'esclave. Réduit à une cabane, il
tient une place exacte dans l'harmonie du lieu. Modeste
et caché dans un trou, je vois en lui, sous son toit gris, la
Cendrillon de l'Acropole, celle dont la robe dissimule
un trésor. Qui sait si, en pareil cas, un architecte de
chez nous n'eût pas mis sa gloire à quelque monument digne du Parthénon, digne du gouvernement
de la République ? La seule beauté d'un Musée doit lui
venir de son éclairage, de son classement, de ses cata-
logues. Je crois bien que le chef-d'œuvre de cette archi-
tecture-là fut réalisé par Frédéric Le Play quand il eut
à construire en 1867 le Palais de l'Exposition. Il fit de
son monument un gigantesque classeur, rien que cela,
mais cela parfaitement. Il y mit la même logique, le
même sérieux, il lui laissa la même nudité qu'à la *Réforme
sociale*. Et comme ces halls de fer avec une cathédrale
gothique, ce Musée communie avec le Parthénon par
cet alpha et cet oméga de l'architecture, la probité.

Si vous entrez dans les sept petites salles qui contiennent toutes les sculptures de pierre trouvées à l'Acropole,
ne vous paraît-il pas que se présente à vous, non plus
volumineuse dans l'espace que le Parthénon même, une
courbe parfaite où tient entière la figure intelligente
de la durée ? Le temple de Rome mettait en face du
Parthénon la forme de la durée captive, de la durée sans
ailes, l'image de la constance et du poids. Mais ce Musée,
il est le temple de l'Occident, le seul temple actuel sur
cette colline, et le seul qui demeure desservi ; le génie de
notre siècle le dédie à la durée mouvante, à celle que nous
suivons, chaque fois que, projetant hors de nous le rythme

de notre vie, nous l'employons à épouser ou la nature ou
l'histoire.

Pour donner à cette durée son harmonieuse face, le
hasard qui nous garda ces marbres et la méthode qui les a
classés paraissent l'un et l'autre se détendre et s'humaniser. La courbe qui va de la première à la dernière salle
est belle et pleine comme celle même d'une statue. Elle
commence par le difforme Héraclès en lutte contre
l'hydre ; elle s'achève dans les souples Victoires, les
Victoires vêtues d'air, fleurs et rosées du mouvement.
La Vie s'éveille, monte vers l'aile avant de monter par
l'aile, et notre âme parmi ces pierres froides est assez
pleine de divine légèreté pour suivre sur elles la musique
dont Victor Hugo construit le *Satyre*. Des Héraclès et
des Tritons monstrueux, comme j'aime aller aux Victoires
par les Korai de la grande salle, les ioniennes, les ionisantes, les attiques ! Miracle qui vient, lui aussi, d'une
probité nue, d'un simple classement chronologique. Elles
nous offrent, ces filles de la mer, elles nous livrent, dans
un sourire, l'idée même de changement réglé et d'écoulement selon une loi, l'idée ionienne de Thalès et d'Héraclite, le vieil instrument de savoir que notre pensée
a repris et qu'elle emploie ici à ordonner, selon leur
temps, des statues, à leur recomposer un chœur. Alors,
les Victoires brisées sur lesquelles nous quittons la dernière salle, elles ne font, naturellement, silencieusement,
et comme une fleur donne son fruit, que nous transmettre à une Victoire dernière, leur sœur aînée, celle
qu'en entrant nous ne pouvions voir, mais qui maintenant nous sourit, du seuil où nous repassons.

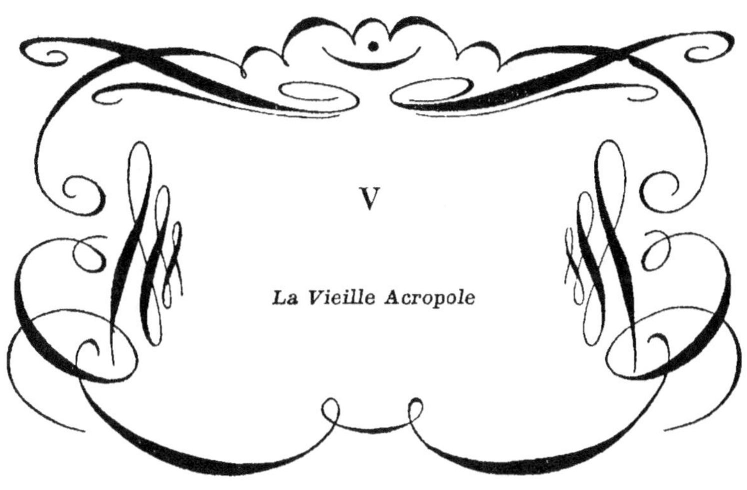

V

La Vieille Acropole

es archéologues observent avec fierté que par leur travail et leur patience, par les fouilles qui ont scruté la colline jusqu'au roc, par l'interrogation de débris que l'Athènes classique ignorait, nous connaissons l'ancienne Acropole mieux que ne la connaissaient les contemporains de Démosthène. Des esprits délicats voient dans cet orgueil naïf, quelque peu germanique, une occasion de sourire ; le bric-à-brac menu, où s'accrochent les étiquettes de Cécrops et d'Erechthée, les impatiente, et sur la colline du Parthénon ils ne se soucient que du Parthénon. A tort, et la culture proportionnée qui s'impose à nous, ici, comme l'œuvre de notre art intérieur, perdrait à laisser ce trésor aux mains de professionnels.

Puisque notre émotion de beauté est faite, sur l'Acropole, d'histoire, et d'une histoire si rationnelle que, pour la revivre, il nous suffit presque de décomposer les moment de notre intelligence, tout ce qui ajoute à cette courbe d'histoire, à ces couches de passé visible, ajoute, sous nos yeux et dans notre âme, au poids de cette pensée que l'Acropole condense. Qu'elle fut belle et probe, la science, d'apporter à cette pierre de durée harmonieuse le don qui lui convenait, sans qu'elle l'espérât : de la durée encore, une durée dont l'épaisseur appuie la durée que nous connaissions, et descend, d'une discrète basse, en soutenir la musique !

Pourtant, si les Grecs de l'âge classique, si nos Grecs, pouvaient voir ce passé pélasgique et ionien que notre temps a découvert sous leur Acropole déblayée, il en est un qui sourirait sans étonnement, et du sourire habituel, devant les visages du temps, au familier des choses éternelles, — et ce serait Platon. « J'ai vu plus beau, » disait à Denys, qui lui montrait son palais de Syracuse, l'homme des Idées. Et j'imagine qu'il nous dirait ici : « J'avais rêvé plus ancien. » Lorsqu'on ouvre le recueil de textes où Jahn et Michaelis ont réuni, autour de la description de Pausanias, tous les fragments grecs et latins qui nous renseignent sur l'Acropole, on tombe sur une première page d'une émouvante beauté. Un titre : *Acta Arcis Athenarum ex auctoribus antiquis composita*, et, premier texte de l'*Arcis antiquissima memoria*, un passage du *Critias* où Platon, avant Léonard de Vinci et sans doute par un même pli de l'intelligence, prévoit sur le paysage d'Athènes l'explication de la géologie moderne. L'Acropole, dit-il, n'est qu'un débris d'une Acropole plus ancienne et plus vaste, qui réunissait dans une grande table de calcaire la colline de la Pnyx et le Lycabette, et que les secousses du sol et le travail des eaux rompirent en les morceaux qui la détaillent aujourd'hui. Sur cette Acropole préhistorique, son mystérieux roman inachevé établissait les Athéniens légendaires qui combattirent les Atlantes.

L'Acropole de Platon ne puise pas dans son présent sa plus haute beauté, et sa mutilation atteste, comme

les hommes dans le mythe du *Banquet*, le souvenir d'une
unité perdue.

A nous aussi la vieille Acropole apparaît matière
plantureuse et robuste, d'où la délicatesse a plus tard
émergé. Dans les légendes athéniennes qui se concen-
trent sur elle, on devine une Athéna rustique, fille de
campagne, et la même que cette bergère d'Olympie qui
reçoit d'Héraclès les pommes hespériennes. Les Athéniens contaient sur cette Athéna, sur la naissance de son
fils imaginaire Erisychthon, l'histoire grasse qui nous
la montre, comme une paysanne de Zola, obligeant un
ivrogne en belle humeur, le forgeron Héphaistos, à se
contenter de peu. En ce fils que, n'ayant pu l'avoir
d'elle, ce manœuvre eut de la Terre, Athéna voit du moins
une intention qui la touchait ; elle le confie aux trois
filles de Cécrops, Aglaure, Hersé, Pandrose, le sol stérile,
la rosée, et la terre que la rosée féconde. Elle le leur confie
dans une corbeille, à prendre garde de ne pas ouvrir :
défense respectée comme bien on devine des impru-
dentes. Quand Athéna vient voir son nourrisson, une
mauvaise langue de bête, la corneille, se hâte vers elle
pour lui annoncer d'abord la nouvelle. Précisément la
déesse apportait dans ses bras une grosse pierre pour
boucher l'entrée occidentale de l'Acropole, et rendre
inexpugnable la citadelle de sa ville. De colère, elle la
laisse tomber au milieu de la plaine, comme une servante
de ferme ferait d'un seau de lait, et la pierre n'a pas
bougé depuis, c'est le Lycabette. Ne regrettons pas
cette désobéissance, qui a obligé les Athéniens à construire les Propylées. De ces racines rustiques s'est affinée
sur Athènes l'intelligence du Parthénon, et ces claires
légendes rurales mettent au flanc de l'Acropole le sentier
de montagne par lequel on parvenait aux Propylées.

Au Musée, des monstres d'abord nous déroutent, que
nous n'attendions pas là, et les groupes d'Héraclès
luttant, celui du monstre à trois têtes que nous appelons

Barbe-Bleue, font sursauter le visiteur qui n'apporte
ici que l'image de Phidias. Tels qu'ils sont, je les aime,
et j'aime les vieux Athéniens d'avoir goûté l'éclat naïf
dont, en la nouveauté de leurs couleurs crues, devaient
resplendir, sur les frontons, ces bonnes figures. Cette
Athènes paysanne, elle a son Breughel, et cette créature
tricéphale, barbouillée de bleu violent, devait figurer
quelque Gayant attique. C'est, je suppose, un produit
franc de sculpture autochtone, l'œuvre d'un robuste
compagnon qui ne boudait pas à l'ouvrage et qui connaissait son métier. Il a taillé ses monstres dans la joie
et la bonne humeur, ayant, comme Eschyle, une cruche
de vin à ses côtés. La sculpture sur bois lui laisse une
tradition de liberté et de santé (cette sculpture sur bois
attique, qui toute, naturellement, a péri, et qui devait
être si savoureuse) et je me demande si ces visages hilares
et passés à la peinture ne révèlent pas une main habituée
à sculpter des masques pour les réjouissances des fêtes
dionysiaques. L'Héraclès bien ployé, d'une musculature
nette et sûre, dénote une observation sagace, et la per-
sistance, dans un œil d'artiste, de ces luttes après boire
qui mêlaient, sur le sol, d'hilares compagnons : les braves
têtes, goguenardes et bouffonnes, du triple monstre,
voilà bien les rustauds qui regardent une lutte. Nous
trouvons ici à fleur de terre la veine qu'Aristophane
suivra, et nous nous souvenons à propos que les *Oiseaux*
et la *Paix*, c'est la plante attique gardant autour de ses
racines le terreau qui la fume.

De la vieille demeure où la légende loge Erechthée
et Cécrops, les fouilles, sous l'ancien Hekatompedon,
ont retrouvé deux bases de colonnes, entourées maintenant d'une grille et submergées au printemps par l'effu-
sion des hautes mauves. A notre première visite, elles
paraissent simples cailloux d'archéologues ; mais, pour
celui qui est devenu le familier de l'Acropole, rien de
plus vénérable. Ces bases ont porté les colonnes de bois,

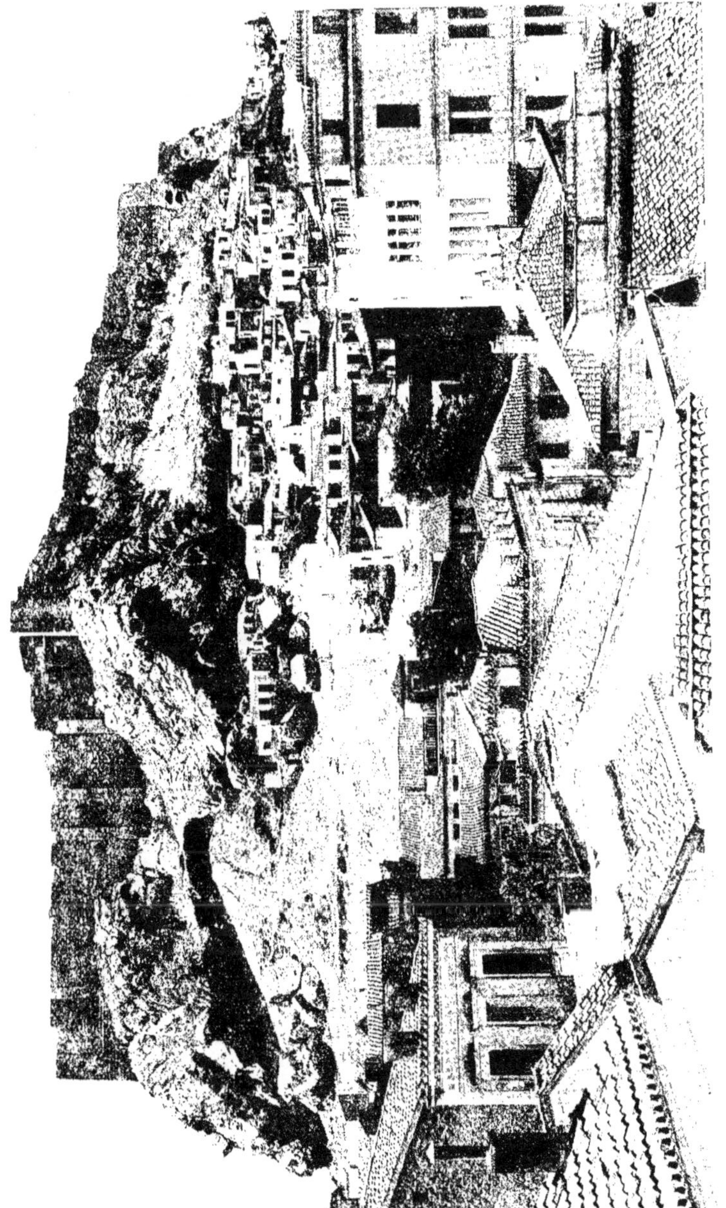

Les. Remparts de l'Acropole

grand'mères des colonnes doriques, et petites et simples graines dont le Parthénon est né.

Cette maison, celle de ces filles de Cécrops en qui les Athéniens personnifièrent aussi bien le moral de leur ville que la rosée de son ciel, aussi bien la curiosité que l'héroïsme (et ils savaient que l'un et l'autre s'harmonisaient comme deux sourcils magnifiques sur le front de leur cité) logeait les premières de ces jeunes filles à qui de toutes parts et de sources diverses les cultes de l'Acropole s'accordèrent à consacrer la colline. Le Parthénon tirait son nom d'une salle attribuée, pour un travail qu'on ignore, à des vierges. L'Hekatompedon ancien était peuplé de ces statues féminines, si merveilleusement retrouvées dans les remblais du rempart, et qu'au même lieu remplacèrent les Korai de l'Erechtheion. Est-ce l'influence d'Athéna ? Mais la jeune fille un peu évincée dans l'imagination athénienne par son jeune frère, l'éphèbe, du temple de la Victoire à l'Erechtheion elle demeure sur l'Acropole le signe emblématique et le génie du lieu. Aussi devant le Parthénon, la vieille enceinte d'Artémis Brauronia, si âpre à se défendre contre les empiétements de Mnésiclès, tient une place qui, tout en satisfaisant à la logique de la colline, plaît à notre fantaisie. A ce culte brauronien, on initiait les petites filles : c'était une sorte de congrégation des Enfants de Marie ; mais au lieu de rubans bleus elles recevaient des noms, et peut-être des masques, d'ourses. Et bien qu'il faille se tenir en garde contre le rameau d'or de Fraser et le totémisme universel, on ne saurait guère méconnaître ici quelque ancien culte d'ourse totem, transporté d'un dème de la Mesogée sur l'Acropole, et qui conserve la figure des vieilles religions très simples, celles qui mêlaient l'homme à la communauté animale. Elles devenaient ingénieusement, ces religions d'enfance humaine, des religions enfantines, et, par leurs histoires de bêtes, s'égayaient et s'émouvaient les petites Athéniennes.

Ainsi les *Fables* de La Fontaine font repasser, sur des mesures de musique française, nos enfants par les traces les plus vieilles de l'humanité primitive. De l'enceinte d'Artémis Brauronia on s'élevait à celle d'Athéna ; il fallait traverser ces cultes simples avant d'accéder, par les grands mythes helléniques, à la plénitude de la lumière. Une statue d'Artémis, par Praxitèle, acheva dans le sanctuaire le culte commencé à Brauron devant une figure bestiale de bois. Partout un langage lucide redisait ce passage de la matière à l'esprit, qui, sous des formes d'architecture, fournit au dorique son Idée.

Ces figures féminines qui animaient l'Acropole, cette humanité vivante qui multipliait sur son peuple le sourire de la déesse, l'intelligence cachée de cette colline attendait avec une précision subtile le moment de nous en émerveiller. Comme elles choisirent avec une coquetterie avisée leur temps, ces Korai qui mettent dans la grande salle du Musée un si étrange harem ! Aux Français le pèlerinage classique paraissait déjà austère, la prière sur l'Acropole ressassée, et l'Athènes de l'intelligence manquer de femmes. Nous en sommes restés un peu à la première définition que le sophiste Hippias, interrogé par Socrate, donne du beau : « Le beau, Socrate, c'est une belle femme. » Une jolie femme, rectifions-nous peut-être. Et ce penchant à tout féminiser mettrait de mauvaise humeur les bons esprits, si Nietzsche ne nous en félicitait à propos, trouvant que la culture française s'est développée et a fleuri précisément sur le terrain des raffinements amoureux, de même que la philosophie de Socrate et de Platon est née de ce qu'ils se plaisaient à la société des beaux jeunes gens. Souvenir bien nécessaire pour excuser la littérature abondante que nous avons déjà accumulée sur ce parterre de jeunes filles aux couleurs vives, cette même littérature d'excitation indiscrète sous laquelle la Joconde a fini par disparaître. Toujours est-il que de ces Korai l'Acropole a pris une jeunesse nouvelle. D'où viennent-elles ? Qui sont-elles ? Les archéologues, après avoir fourbi quelques années leurs lunettes, ont fini par y voir clair, se mettre d'accord, et nous donner une réponse qui nous contente à peu près : c'étaient des statues votives dont on faisait offrande à la déesse, dans la croyance qu'elle avait pour agréable une cour de jeunes filles, un Parthénon.

Si la raison doit admettre cette explication, les yeux ne peuvent s'abstraire d'un doute. On relève dans des livres mal informés le nom de courtisanes, voire de courtisanes sacrées, donné avec assurance à ces statues, — et toute la faute en est à leur costume et à leur sourire.

Certes ce vêtement ionien est bien l'instrument le plus artificieux dont ait joué la coquetterie féminine. Je ne trouve qu'une comparaison : imaginez une Espagnole drapée, de la tête aux pieds, dans son éventail. Le secret est de combiner le retroussé, qui est la fonction de l'himation, et le collant, qui ressort au khiton. L'himation descend d'un seul côté en une pointe allongée, il s'affine pour souligner et non pour voiler. Le khiton n'est pas collant par lui-même : mais la main gauche veille à ce qu'il se plaque et moule, elle met, dans la marche, successivement, l'accent sur toutes les parties du corps, en joue avec une subtilité sans cesse nouvelle, comme en effet d'un éventail sur le visage. Toutes ces dames sont autant de Saintes Orbcrose, — et nulle part elles ne devaient mieux déployer cette grâce qu'en montant le chemin de l'Acropole. On distingue pourtant, en certaines porteuses d'offrandes, de sobres et sévères effigies religieuses, de vraies prêtresses.

Le plus clair de leur piquante renommée, elles le doivent à leur sourire. La Joconde a fini par nous amener à croire que tout sourire en art est énigmatique comme tout économiste est éminent. Et l'énigme autour de ce sourire nous paraît redoubler, quand nous le voyons

au commencement et à la fin de l'art, comme un signe
d'archaïsme sur les très vieilles statues, comme une
finesse suprême sur les visages de Léonard... Le mystère
du sourire, pourtant, dans cette salle des Korai, me paraît
mieux qu'ailleurs se résoudre en idée claire. L'opinion
la plus juste que l'on ait émise sur le sourire archaïque
est sans doute celle qui y voit le premier effort, et le
plus naturel, du sculpteur pour animer la face et pour
y mettre l'expression. Mais il faut remarquer aussi que,
comme procédé technique, ce sourire ne se suffit pas,
qu'il fait corps généralement avec l'attitude de la statue,
et qu'il accompagne le mouvement de la jambe portée
en avant. Si le mouvement et le sourire sont, dans quelques œuvres, isolés, il n'en est pas moins vrai que tous
deux correspondent à une même idée plastique, que tous
deux ont été rencontrés ou recherchés en même temps
et pour les mêmes raisons : mouvement de la figure et
mouvement du corps s'impliquant l'un l'autre, et s'expli-
quant l'un par l'autre. Les Korai de l'Acropole naissent
précisément au moment où ces deux mouvements sont
devenus assez savants, assez aisés, pour que le sculpteur
puisse désormais les oublier, se passer de ce que l'un et
l'autre comportent d'artificiel et de cliché, attaquer avec
plus de franchise son sujet. Les nécessités du fronton
lui ont appris à mettre le mouvement à l'intérieur d'un
groupe, à le concevoir comme une relation dramatique
entre des personnages, — et le fragment de l'Hekatompedon pisistratien, l'Athéna entre les deux
géants, progresse, précisément pour cette raison, sur
l'Héraclès qu'il remplace. D'autre part, il semble que le
sourire mécanique éclaire à moitié, mais glace aussi à moitié
l'expression de la figure et l'ondulation des traits ; ce
sont les sculpteurs des Korai qui cherchent à outrepasser
ce sourire, et qui même, dans leur zèle du nouveau, le
contrecarrent avec ingénuité, ingéniosité aussi, lui subs-
tituant l'expression inverse, celle des traits détendus,

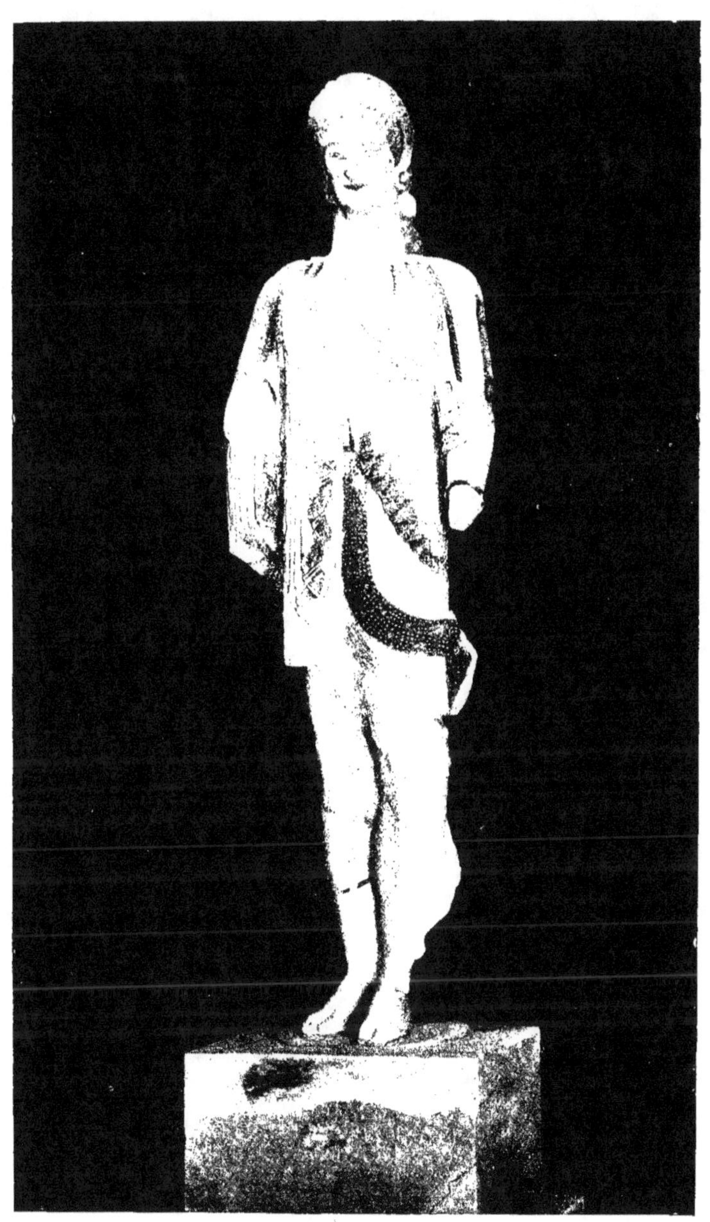

Une des Korai
(Acropole)

avancés dans une moue légère. De là cette Korè dite
la Boudeuse, la Korè d'Euthydicos et son merveilleux
frère, la tête d'éphèbe qui rappelait à Charles Maurras
l'*Erasme* de Holbein.

Nous sommes dans la salle du sourire sans mystère
qui déserte les leçons anciennes, du sourire aimé, étudié,
développé pour lui-même comme le seront dans la grande
sculpture le mouvement ou la draperie, — du sourire,
au tournant où la sculpture et l'affine à l'excès
et l'abandonne à regret. Comme une eau desséchée
laisse son lit de pierre plus délicat et plus fouillé,
regardez cette tête (le n° 674) qui semble prise au
moment exact où le sculpteur vient d'en laisser tomber
le sourire inutile : un Luini plus accentué et plus
provocant, l'Hérodiade, les traits que plus volontiers
encore le franc et sensuel Bernardino donne à ses femmes
quand il ne peint point des tableaux d'église et des
saintes. Cette bouche et ces paupières ont la substance
savoureuse et les moelleuses lignes de l'amande fraîche ;
ces yeux, pleins d'ombre alanguie, après vingt-cinq
siècles demeurent battus, et les bandeaux bas de ces
cheveux donnent à ce visage de fausse vierge la forme
allongée d'un fruit qui se mire à la rivière de Tantale.

Dans cet art ionien, venu d'Asie et des îles, et qui
pousse par l'Athènes pisistratienne sa fleur charmante,
quelle part faire à une sensualité naturelle et à des raffinements d'atelier ? Nous ne savons, mais bien souvent il
nous faut penser au quattrocento florentin. Voyez au
Musée de l'Acropole ce bas-relief votif contemporain
des Korai (n° 581), cette grande et longue Athéna, l'effile-
lement de toutes les lignes, les plis tourmentés des vête-
ments, le triple cercle nerveux de la manche droite
évasée, le petit doigt précieusement tendu, le mouvement
de la croupe, le sein, jailli frénétique, les lèvres et le
menton spasmodiques, et bientôt vous évoquerez invinciblement Botticelli. N'en tirons pas de vues trop subtiles

sur l'âme de l'artiste. Il y a là une préciosité de métier qui convient à un art dans son époque de recherche et d'invention, et dont on trouverait encore l'analogue dans les corps longs, les volutes, les draperies en plis émus et agités de la sculpture romane. Bienveillamment l'ombre de l'Erganè s'étend et se reconnaît sur ce pan de l'art athénien : c'est de la sculpture vivante, ardente, où l'imagination s'excite à concevoir, où la patience s'ingénie à exécuter, c'est verdeur et volonté, c'est le Printemps même de Botticelli, frêle et passionné, frêle de métier encore, et passionné tout de labeur et d'action.

Les saccages de l'invasion perse furent tournés, par le génie de l'Acropole, à sa gloire, puisqu'ils nous ont permis de dégager et de connaître son visage ancien. Ces sculptures précieuses, les chapiteaux et les tambours épars des anciens Parthénons, mettent l'essai au pied de l'œuvre et l'Erganè sous la Parthénos. La ruine des frontons est compensée par le don inattendu de la terre porteuse encore de fruits, et les fouilles ont rendu au temple toute sa hauteur en développant sous lui de visibles racines, en étageant comme ses marches les niveaux de la durée qu'il surmonte.

A l'angle rentrant, tourné au sud, des Propylées mnési-cléens, est une sorte de puits où vous pourrez descendre sans gymnastique, où toute la journée à peu près une ombre fraîche vous attendra, où rarement une visite viendra troubler votre paix. C'est à peine si du haut du mur le passant y jette un regard. En effet, dans l'éclatante Acropole de Périclès, où tout le jour mûrissent les marbres ensoleillés, s'ouvre bien ici un puits de silence, de repos et de passé, de ce passé que partout, après les guerres Médiques, les Athéniens ont enfoui dans l'anathème ou l'oubli.

Les archéologues y ont reconnu les Propylées de Pisistrate. La pierre de ce fragment exhumé est recouverte de marbre bien poli, élevée sur un soubassement de

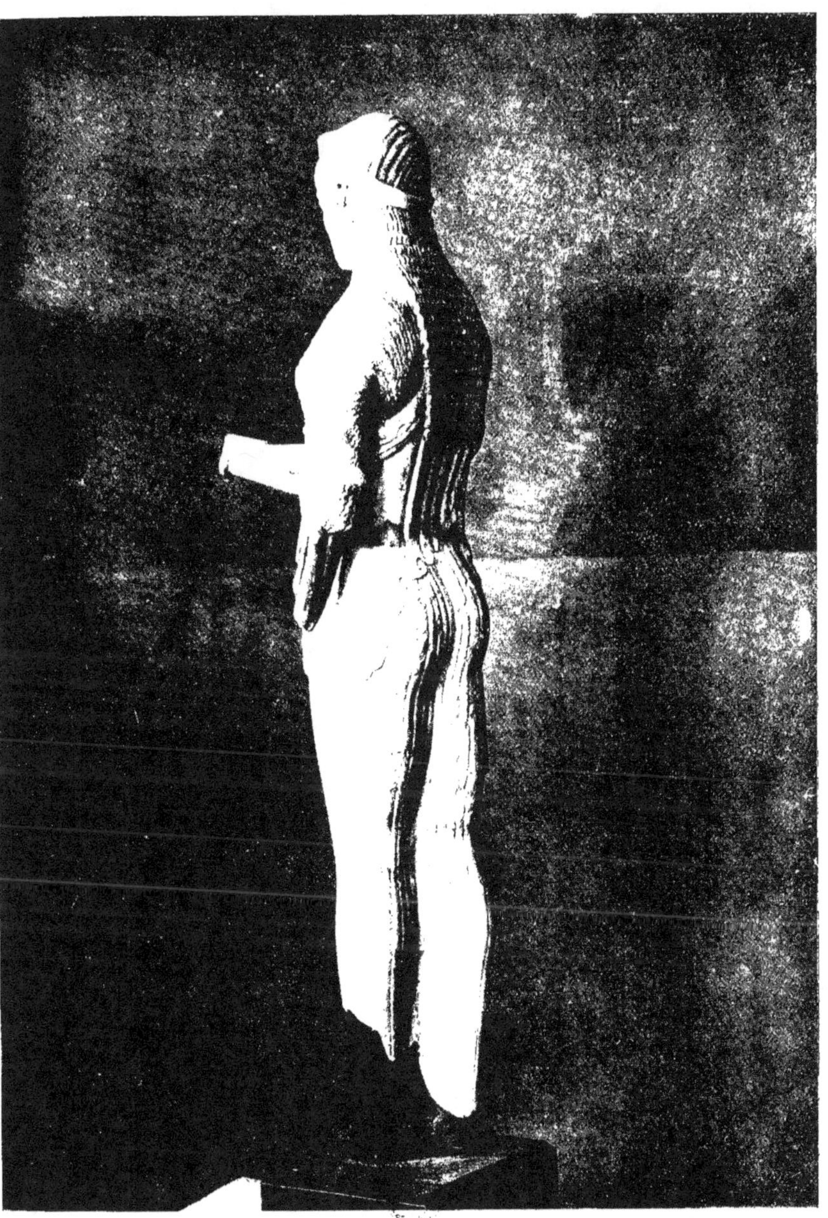

Une des Korai
(Acropole)

marbre aussi, dont l'appareil est à bossages : une cons-
trustion robuste et saine, de matériaux soignés, et qui
devait avoir grand air. A la porte de ces Propylées une
exèdre à laquelle on avait employé d'anciennes métopes
prises elles aussi, déjà, au péristyle, qu'un nouveau rem-
plaçait, de l'Hékatompédon. Cette exèdre, dans une
fosse maintenant au coin de l'Acropole, elle fut un banc
au-dessus de la paix et du paysage ample ; les vieillards
vêtus à la mode ionienne s'y asseyaient, des cigales
d'or dans les cheveux, et le sage Pisistrate y venait,
le soir, appuyé sur les épaules de ses fils florissants,
contempler la plaine attique que surveillait et paci-
fiait sa prévoyante tyrannie, le jour doré qui décroissait sous le regard comme un champ mûr sous la faucille
des moissonneurs. Ainsi que l'Italie vers un Médicis,
montait de l'Asie et des îles toute la beauté d'Ionie pour
mettre autour du maître d'Athènes, sur l'Acropole qu'il
partageait avec les dieux, une couronne d'intelligence
et de poésie. Anacréon y chantait Bathylle, et Simonide
Corœbus, la lyre de Lasos y trouvait les mesures nouvelles,
et, dans un premier essai de culture alexandrine, l'esprit
ordonnateur tentait l'économie et l'inventaire d'un riche
passé : Onomacrite y disposait en un corps les enseigne-
ments orphiques, une commission s'occupait des poèmes
d'Homère, et les soustrayait à la fantaisie des rapsodes.
En montrant l'*Iliade* et l'*Odyssée* on les faisait comme
participer à cette durable sculpture que poussaient
haut, dans l'Hékatompédon nouveau, les leçons de
l'Ionie et le génie plastique d'Athènes. Comme son père
avait montré les vieux poèmes, l'ingénieux et doux
Hipparque avait l'idée charmante de montrer, dans cette
campagne même, les préceptes des sages, et de graver,
sur les Hermès des routes, quelque vers de morale
sententieuse, faisant ainsi dans les champs athéniens
lever comme le blé vert encore de l'enseignement socratique. Les soirs, de cette exèdre, disposèrent sous les

yeux un ordre lumineux et robuste, et les Pisistratides purent voir, avec quelque justice, tourner de là, pour leur promettre un long repos, cette clef d'or qui ferme avec un son de bonheur une des portes du hasard.

Mais notre avenir n'est pas dans ce buisson de myrtes ; il repose, caché sous leurs branches coupées, avec le poignard d'Harmodius. A l'art qui allait, avec Critios et Nésiotès, les sculpter comme ses héros, à l'âme d'Athènes qui allait incarner en eux son armature d'énergie, la violence brutale des tyrannicides ouvre, sur le cadavre du jeune Hipparque, les voies d'une destinée salubre et forte. Quand, après Platée, les Athéniens jettent dans leurs retranchements ces débris de l'Acropole pisistratienne, ils préparent une table rase nécessaire. Les traditionnistes immodérés, je voudrais qu'ils méditent le mot de Villars à la bataille de Denain : « Nos fascines seront les corps des premiers de nos gens qui tomberont dans le fossé. » C'est sur ces fascines éclatantes, sur ces débris des molles Korai, sur ce puits comblé où notre science recreuse et redescend, que le génie d'Athènes, comme un hoplite marathonien, a passé au pas de charge vers l'art du Parthénon.

Maintenant, par les degrés de ces vieux Propylées, dans l'ombre humide où ne se pressent que des orties et des scolopendres, que notre pensée, comme une Antigone pieuse et née pour partager le seul amour, relève ce que la nécessaire injustice d'Athènes sacrifia ! A portée de notre main voici dans les herbes hautes la base d'un trépied avec la triple marque du métal ; les parfums religieux d'autrefois peuvent s'en ranimer, et, dans ce puits des âges dépassés, peut se tenir le conseil doux et vain des possibles qui, ne portant pas à la main l'obole, furent délaissés sur la rive obscure.

La vieille Acropole retrouvée donne à l'autre, clairement et noblement, moins un piédestal orgueilleux que des racines naturelles. Chacune de ses pierres, chaque

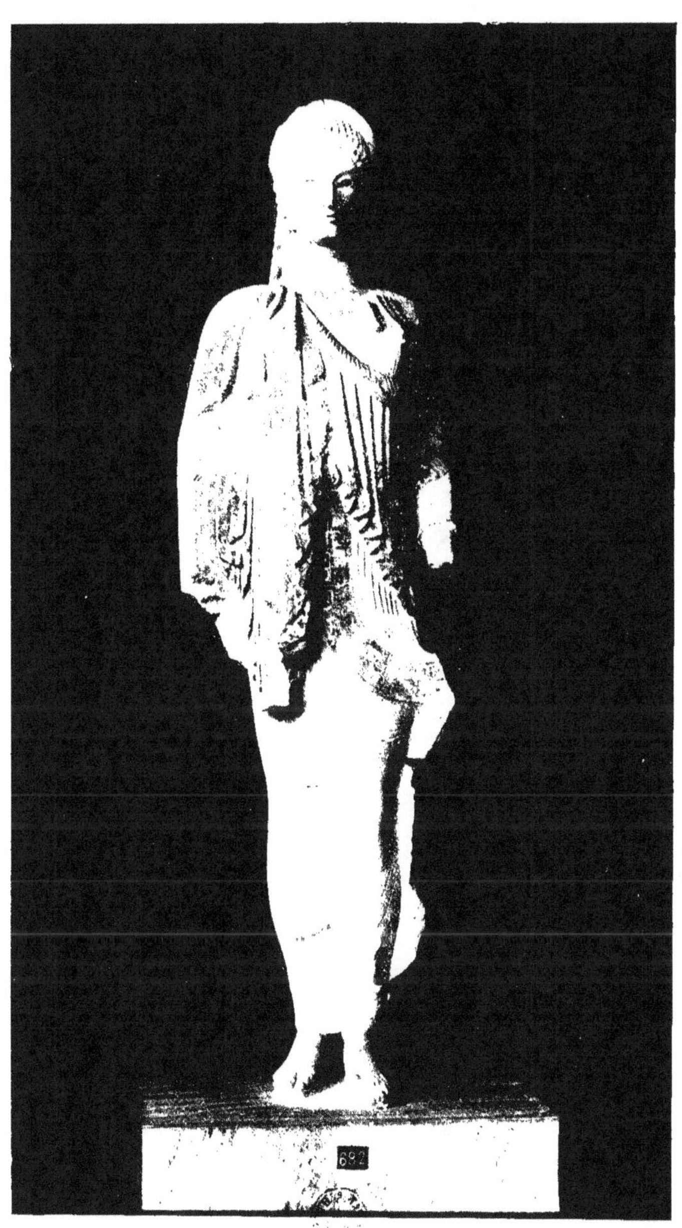

Une des Korai

(Acropole)

idée qu'elles enferment ou sculptent, sont devenues, polies par le temps ou par l'intelligence, un degré ou un signe de l'Acropole vraie qu'elles annoncent. Notre vieille Acropole est un de ces entretiens libres, un de ces préludes souples, par lesquels un dialogue platonicien prélude à l'agile et définitive construction de la dialectique.

VI

L'HEURE DU SOIR

’Acropole, le soir, laisse tomber sa substance et son poids. Sur la terre elle n’appuie plus que la terrasse de notre paix ; sur son autel et dans nos yeux, chaque visage de son horizon retrouve et monte épouser une figure de notre silence.

Voici, sous la lumière oblique, que la verdure fraîche se veloute. Dans le soleil de naguère étcinte, écrasée, maintenant elle se libère et s’épanouit, et les champs d’orge,comme si l’approche de la rosée les dilatait, comme si sur la fluidité de l’heure seuls ils remontaient, deviennent épais et riches et pareils à des mousses pressées. Toutes les lignes, roses renaissantes de Jéricho, reprennent leur ampleur, et fleurissent ; pendant que décroît la lumière, ellesfléchissent vers la corbeille de fruits que sont au milieu, dorés et mûrs, les marbres de l’Acropole. Sur l’horizon de feu rose s’incrustent avec la finesse d’un cheveu les ciselures bleues des montagnes, et plus haut le croissant de la lune, pas encore alourdi d'or, incurve un diamant lucide, habité d'aigue-marine.

Il n'est pas de soir, ici, où je n'aie entendu le chant clair et magnifique du Pentélique. Comme des feux s'allument pour se répondre, ses carrières de marbre reflètcnt les neiges des monts qui par delà Corinthe s'étagent sur le Péloponèse. Le soir comble leurs brèches avec des brassées de lilas. Voilà les entrailles maternelles d'où le Parthénon est sorti, d'où le marbre est venu vivre aux Propylées. Si paisible, heureux, enveloppé des plus douces lignes, et de tout ce que d'un printemps en fleurs on devine, le Pentélique n'est-il pas cette mère qui, selon l'Evangile de Saint Jean, oublie toute souffrance et tout déchirement, dans la joie d'avoir mis un homme au monde ?

Un homme dont survivent ici les « tristes et intrépides regards ». Voyez, de la colline des Muses, le Parthénon occidental ne devenir que substance douce d'huile vierge et de vieil ivoire. L'éclatement du milieu semble reculer profondément sous son architrave qui demeure dorée la partie orientale, la dissiper dans une cendre bleue ; et le jeu de la lumière à sa fin va rendre, direz-vous, aux carrières maintenant violacées de marbre, comme un jeune mort du Céramique à sa terre natale, le Parthénon décoloré. Non. C'est le soir vigilant qui vient collaborer à l'intention d'Ictinos et l'élargir immensément : le temple se développe ainsi qu'un horizon se courbe ; depuis la face d'or toute proche jusqu'à la lointaine face vaporeuse et d'encens attardé, une dilatation invincible s'étend, de proportions justes, d'architecture et d'espace, de rayons et d'ombre, de pensée et de rêve. Le Parthénon devient sous l'ombre qui le touche une Intelligence dans l'acte de s'ouvrir, de se purifier, et qui se préparerait calmement à peser par le calcul, à contenir comme ses idées, à incorporer dans sa paix la poudre fluente d'étoiles, du ciel bientôt déversée.

Le Mont Hymette

Mais l'Hymette, lui, n'a reçu sa destinée que d'un poète. Toutes les autres montagnes, sur l'horizon attique, posent une coulée de teintes foncées, et c'est par elles qu'Athènes pour nous est couronnée de violettes. L'Hymette, lui, plus proche, tout le matin et toute la journée et jusqu'au soir n'étend qu'un gris mort, éteint, de cendre : allongé et massif il semble quelque crocodile échoué, un saurien décomposé de Pikermi, et le regard se râpe aux rugosités de sa peau pierreuse. Attendez... Sous la lumière finissante son heure vient, et le reste se taira. Le Pentélique amortit son bleu, le retire en lui, le fait déjà nocturne, laisse seulement hors de lui l'écharpe de ses carrières flotter ; le Parnès et l'Ægaléos développent comme un lit de repos leurs lignes de lin calme ; le Lycabette contracte comme un sourcil sa masse sans couleur ; l'Acropole, que le bain d'or vient d'abandonner, se détend et demeure attentive, lyre maintenant muette qui laisse l'espace à un chant autre. Alors l'Hymette, comme le rossignol qui ne s'élève que dans le silence, allume un feu de bruyère rose, et plus rien n'occupe l'étendue que cette barre de buisson ardent : un vieux rose précieux, et que l'on sent pressé et distillé dans l'or compact du jour, ainsi que le miel dans la ruche, l'eau fraîche dans le rocher. Il apparaît un instant, fait jaillir sur la terre un paroxysme de poésie ; puis le crépuscule, occupant de la main ses racines, sa tige et son calice, le cueille peu à peu, comme à regret, après qu'il a, devant Athènes, suspendu l'image de l'heure unique, du miracle grec.

Presque il donne, en même temps qu'à nos yeux sa beauté, son haleine à notre bouche ; une brise en vient, ayant coulé sur le miel, et comme appelée par le feu de l'Occident. De l'Hymette rose au rose couchant sur la mer, elle traverse l'Acropole, dont les eaux, cachées sous terre, sont saumâtres et lourdes ; elle la traverse, du Musée aux Propylées, en épousant la Voie Sacrée, qu'elle prend pour lit de la plus cristalline rivière. Le soir on se pénètre de son parfum comme le jour on se réjouissait de sa fraîcheur. Elle glisse sur les marbres nus, et baignant le visage, nourrit l'homme d'intelligence, comme la rosée attique nourrissait la cigale.

Ainsi que l'or du soleil s'est coulé dans le marbre candi du Parthénon, ces roses du soir ont, pétale par pétale, imprégné de leur teinte le calcaire de l'Acropole et des collines voisines. Il contient, sous les yeux et sous la marche, les plus délicates nuances, et fixe sur la terre, comme les coins de la Naissance d'Athéna le font au fronton du grand temple, l'éveil et la mort du jour. A même cette terre flotte un baiser de lumière et de lèvres. Pour que rien de l'Acropole n'y manque au regard, il faut la voir, de la colline des Muses, déployée comme une forme de temple dans son ampleur latérale. Pendant que les marbres vivent dans l'or, le calcaire épaissit ses jonchées de fleurs pétries, sa cendre durcie de bruyère et de roses mousseuses, où parfois un fruit coupé des tropiques montrerait sa tranche fine. Sur ces impalpables teintes, les ombres allongent leurs fortes barres d'un bleu dense et foncé. Puis, selon la transmutation ordinaire, comme au jour de la Fête-Dieu quand passent d'autres enfants et d'autres corbeilles, les brassées de roses deviennent des jonchées de lilas, jusqu'à ce que tout s'apaise en une pâle fleur de thym pour les abeilles de la nuit.

Ces volutes de calcaire rose, et puis lilas, au flanc de l'Acropole elles se déploient immensément. Flots d'une mer crépusculaire elles portent le bordage des murailles et soulèvent la galère dorée des ruines. Elle est prise dans l'attitude d'un départ vers le couchant, la citadelle athénienne ; de sa forte cambrure, sous le poids des Propylées de proue, vous la voyez qui plonge à l'avant, et laisse à sa gauche, sur toute sa longueur, traîner en les portiques d'Hérode et d'Eumène sa rame abandonnée. De la même colline, les Athéniens autrefois n'eurent-ils pas la même vision, ne crurent-ils pas, selon leurs yeux,

que se détachait avec le jour, que glissait aux mers
d'Occident, par le vallon de verdure fraîche, comme une
trirème d'Athènes la citadelle d'Athéna ? A son banc,
elle avait, pour conduire son peuple intact de dieux,
l'image vigilante et levée haut de la Promachos. Je
pense au vaisseau de Paris, à l'île de la Cité. Une impa-
tience de mouvement ; Occident pour l'Egypte signi-
fiait la demeure de la mort ; nous le connaissons comme
la forme de la vie ; nous voyons la déesse qui baisse vers
lui la pointe de sa lance, les proues allègres, qui bondissent.

Les touffes d'asphodèles, de même teinte que le
calcaire égalisé, paraissent en sortir comme sa mouvante
et légère pensée. Les esprits de l'histoire emplissent
l'heure et bruissent au plus près de nous. Le soir, qui
rappelle l'homme à son foyer, nous conduit ici vers le
cœur de la terre vivante. Sur ces chemins de l'Acropole
les volutes de pierre rose nous portent ; tantôt brutes,
tantôt striées pour éviter les glissements, tantôt taillées
en amples bases de statues ou en rainures de stèles. Elles
nous portent, moutonnantes, parmi les blocs de marbre,
les caissons des plafonds éclatés, les tambours, les chapiteaux, les piédestaux inscrits, les plaques byzantines.
Nous cheminons dans le lit desséché d'un torrent, où
l'humanité comme l'eau calcaire a construit, comme
l'eau ruisselante a érodé, débité en tronçons, les monuments de la colline. Mais les deux efforts alternés, celui
qui bâtit la pierre, celui qui la délite, s'unissent dans
l'idée d'une sculpture à laquelle le paysage et l'intelligence conspirent, ce soir, de leurs souffles unis.

La sculpture d'une forme humaine qui accueille la
mort et s'emploie toute à sa beauté. Les lignes des montagnes, par la plaine spacieuse, descendent, comme
les groupes inclinés d'un fronton, paisiblement vers la
mer, et je ne songe qu'aux trois Parques du Parthénon.
Le sculpteur en elles n'épura-t-il pas dans un miroir
suspendu de lumière le rythme même de cet horizon ?

Ce cercle de pentes aromatiques disposa peut-être un chœur de beaux souvenirs pour un fraternel Athénien que j'imagine et qui, de sa colline religieuse, aimait, au soir de sa vie, à retrouver dans leurs lignes bleues, comme dans une mémoire visible, ses heures les plus limpides et son juvénile matin. N'avait-il pas eu pour caserne ces chaînes mêmes du Parnès et du Pentélique, où de dix-huit à vingt ans les éphèbes, garde mobile de l'Attique, faisaient l'apprentissage de la guerre ? Elles retenaient toutes ses images de jeunesse, celles de chasse et de bataille, celles d'amitié et d'amour ; elles les gardaient comme on tient l'eau fraîche sous des branches et des feuillages. Elles donnaient à ses dernières heures l'inflexion de la jeune Parque couchée. N'est-ce pas lui qui sort du paysage crépusculaire, ainsi qu'un esprit de la solitude, pour nous dévoiler la figure athénienne de la mort ?

Je vois fleurir, sur le Céramique et la Voie Sacrée, la foule des stèles funéraires. Le mot de Bossuet s'y murmure : « Madame fut douce envers la mort comme elle l'était envers tout le monde. » Les bas-reliefs du Musée se lèvent au-dessus de la mort, comme, sur les prairies semées de veilleuses, les vapeurs de l'arrière-saison.

Une loi athénienne, selon Cicéron, défendait d'employer à bâtir une tombe plus de dix ouvriers travaillant trois jours. Ne la prenons pas à la lettre, mais de telles dispositions s'accordaient parfaitement avec les mœurs attiques. D'autre part, il était honteux aux parents et à la cité de laisser un citoyen sans sépulture : on se rappelle le procès des dix généraux. Ainsi, l'on donnait au mort ce qui lui revenait, mais il y aurait eu de sa part un manque de goût à demander davantage. Une tombe monumentale, comme celle des despotes d'Asie et d'Egypte, était pour les Grecs un outrage aux dieux et aux hommes ; ils ne voulaient même pas en reconnaître dans leur histoire, puisqu'ils ne voyaient, en les

Stèle funéraire attique
(Musée d'Athènes)

édifices d'Orchomène et de Mycènes, que des Trésors. La seule qui existait à Athènes avant l'époque romaine était, je crois, celle que fit élever Harpale, ce trésorier infidèle d'Alexandre, à sa maîtresse la courtisane Py- thiodice : luxe de financier, et tombeau de courtisane !

Pour que la terre fût légère à la mort, ne fallait-il pas que la stèle fût légère à la terre ? Cette discrétion ne paraît pas seulement dans le peu de marbre dont on charge une ombre, mais dans les figures par lesquelles ce marbre l'évoque. Elles stylisent la vie sans en appuyer les traits. Une phrase énigmatique d'Anaximandre est expliquée par Zeller : « L'individualité est une erreur que nous expions par la mort. » La mort, par ces stèles, s'établit dans sa vérité, quand elle ne garde rien de ce qui était l'individu. Le défunt s'y dépouille de sa marque, comme s'idéalise un paysage. Il prend la file dans un ordre. A peine son nom à quelque coin ; il n'est plus que cette forme générale sous laquelle sa dernière heure l'arrêta : la mère, la femme, l'éphèbe, le guerrier, l'en- fant. De son passage sur la terre, il reste cela seulement, que cette forme s'est affirmée : « Passant, va dire à Sparte que nous sommes morts ici pour obéir à ses lois. » C'était aux Thermopyles l'épitaphe des Trois-Cents. Une stèle athénienne manifestait silencieusement que le mort avait vécu en réalisant une loi ; et son effigie ne figurait de lui que cette loi réalisée. Les scènes usuelles, épurées, de la vie : des parents qui se serrent la main, une séparation triste, mais sans larmes, et, sur la mort, qui est l'habitude éternelle, des visages de l'habitude, l'homme avec son chien, la femme avec le coffret à bijoux qu'une servante lui porte, l'enfant avec la cage d'un oiseau. On est ici dans la cité calme où les différences des destinées se fondent, où les tours de fuseau font sortir des brins divers et moutonnants de laine un seul fil qui ne s'inter- rompt pas.

Le bienfait de la mort est de rendre une existence

intelligible, claire comme un concept, belle comme une statue. Dans le Céramique et le Musée prend place le cœur même de la pensée athénienne. Chaque stèle fait d'un homme ce que l'Idée platonicienne fait des choses ; elle le définit hors du changement, le cristallise dans l'irrévocable. C'était pour épurer selon ce rythme la personne de Socrate que le dieu, dans sa prison, revenait en songe lui dire avec insistance : « Socrate, donne-toi à la musique. » Il se mit à traduire en vers les fables d'Esope, pensant obéir à la voix. Mais le dieu voyait plus loin que Socrate, et ses paroles n'étaient que le pressentiment des lignes dont allait se former la stèle funéraire du philosophe, de l'heure où Platon allait donner aux hommes Socrate comme une musique immortelle, du Céramique humain où le *Phédon* allait placer comme son Idée, son intelligence et sa fleur, la tombe du sage mourant.

Ainsi la mort paraît belle de ce qu'elle est l'ordre et la nécessité. Le coup de ciseau par lequel la jeune Parque tranche une vie, le coup de ciseau dernier par lequel le sculpteur termine une statue, appartiennent à la même puissance raisonnable et juste. Lorsque Crésus demande à Solon de lui nommer l'homme le plus heureux qu'il ait connu, Solon ne veut se souvenir que des morts. « Nul, répond-il, ne peut être dit heureux avant sa mort. » Pour un Grec, la primauté de l'intelligence, du concept clair, ordonné, définitif, est telle, que presque il semble que la mort, en posant une fin au bonheur, s'incorpore à lui, en devienne une part et la meilleure, qu'une vie n'atteigne pas la beauté parfaite si elle n'est achevée, et qu'il lui faille enfin, pour être achevée au sens encore de l'œuvre d'art, une pensée qui, du dehors, après qu'elle a cessé, la pèse, la formule, la réduise toute à une idée.

De la colline des Muses, l'Acropole, dans le crépuscule, se conforme à cette image athénienne de la mort. Elle atteint en nous son équilibre. La voici défaite de la vie comme Socrate ; d'elle nous ne rêvons plus qu'une stèle funéraire, un *Phédon* qui l'idéalise et qui la fond dans l'éternel. Colonnes brisées, pierres éparses, un temple fendu, — nous les gardons du soir, dans le regard, comme l'Hegeso du Céramique prend dans sa main les bijoux que la jeune fille lui tend. Paix de l'heure... dernier jour d'une existence mesurée. Quoi de plus, sur la terre, à connaître, à retenir ? Quoi de plus que des formes simples qui répétées dans le temps se brouillèrent, harcelées d'émotions s'altérèrent, mais réduites maintenant à leur lucidité suprême, apparaissent nues : un son pur, un cristal clair, visage renversé de femme, sourire diaphane d'enfant, ami vers la terrasse où les idées justes s'ordonnaient, soirs sur la plaine ou la mer, et les poètes révélés à la solitude... Tout cela revenait encore, affaibli, après l'instant de perfection ; superflu pour l'âme qui avait discerné la fleur, cela persistait sous la main ; la roue du potier tournait encore après que l'impulsion était tombée et quand l'amphore au beau galbe était là, prête pour une tombe.

Colline des Muses, colline du poète Musée qui y mourut, consumé de son chant ! L'Acropole, ce soir, passe devant nous comme Hélène devant les vieilles cigales harmonieuses qui se tiennent aux portes Scées. « Il est juste que les Troyens et les Achéens endurent tant de maux, pour une telle femme ! » Les yeux des vieillards, le silence du soir, le génie des ruines et de la mort nous tentent. N'est-il donc plus de virilité dans la nuit, ni de ces matins qui font de l'Acropole une Hélène rougissante sur le seuil de l'espace nuptial ?

VII

Le Parthénon

Assez souvent, des voyageurs nous disent qu'ils n'ont osé dès leur premier jour d'Athènes aborder l'Acropole, que dans les rues ils ont autour d'elle tourné, apercevant, sur le fond byzantin du couchant doré, son rectiligne autel, ne se décidant qu'à peine à la dépouiller de son recul. Ce sont là des sentiments en somme honorables, car ils s'accordent avec le génie du lieu, qui n'a pas jeté l'Acropole d'Athènes comme le Dôme de Cologne, sur une place publique, à même les Palace et le négoce des Farina. Derrière cette hésitation et ce malaise je crois même apercevoir une pensée juste, celle-ci, que pour arriver au Parthénon il nous faut trouver sous l'Acropole une marche inférieure et commode, un médiateur de la beauté. Le voyageur, un peu désorienté, le cherche confusément en lui et autour de lui ; il pense vaguement que ce stage dans la rue du Stade à peu près lui en tiendra lieu, le mettra

en régle avec le principe pythagoricien : Sois pur pour
entrer dans le temple parfumé ! Tout au moins ne
s'est-il pas précipité vers l'Acropole ainsi qu'on se rue
vers un champ de foire, et, je le redis, cela est bien.

Ce médiateur pourtant existe, et le génie intelligent
qui aménage Athènes pour l'esprit a mis toute sa vigilance à nous le garder commode, utile et beau. C'est le
Theseion. Au pied de l'Acropole, sur une butte faible,
desserré dans la ville et point isolé, non transfiguré par
le décor ni le pathétique débris, familier, robuste, intact,
il met sous le Parthénon la marche, le degré d'intelligence
qui nous conduit. L'espace, autour de lui, sur ce renflement léger, a la nudité d'une chambre d'étude. D'un
marbre pentélique admirablement chaud et muri, il
ouvre sur cette table un noble livre, bien relié, où se for-
mera paisible et sûre notre notion du dorique. Les joints
de sa matière dense ne laissent nulle blessure d'où l'on
divague sur la ruine. Texte clair, irréprochable de pensée.
Il est au Parthénon ce que l'*Epître sur le passage du
Rhin* est à *Britannicus*. Celui qui méprise l'*Epître* et pré-
tend connaître pleinement la tragédie se trompe. Le
moyen le plus juste de goûter un grand artiste est
d'étudier, à côté de la perfection éclatante du génie,
la perfection modique et tempérée d'un ouvrier probe,
quand toutes deux relèvent du même ordre, et quand,
la seconde étant seule cherchée, la première, réalisée
par surcroît, est, comme un vol de Victoire, insensiblement venue.

Ce bienfait actuel du Theseion ne diffère pas de ceux
qu'y demandait autrefois le culte pour lequel il fut bâti.
Le nom de Theseion ne repose que sur une imagination
moderne. Le temple était consacré peut-être à Héraclès,
peut-être à Apollon Patrôos, plus probablement à Hephaistos et à une Athéna Hephaistia ; vrai temple populaire
d'Athènes, dans le quartier du Céramique, celui des
potiers et des marbriers. Que cette Athéna Hephaistia

Le Temple de Thésée, l'Acropole et l'Hymette

me satisfait ici ! Je pense à la prose de Xénophon, à une fusion de l'art et de l'usage, et, sur ces marches du temple ouvrier, notre plus exacte offrande à cette déesse serait d'y relire l'*Economique*.

Tandis que la ruine reprenait les temples que leur noblesse lui désignait, ce sanctuaire d'Hephaistia et des artisans populaires est demeuré sans atteinte, comme les œuvres que ceux-ci faisaient pour les tombeaux, vases et figurines de terre. Quand, au matin, le soleil éclaire son marbre doré, le présente si purement à l'étude, je crois, au-dessus du Céramique, voir une belle pièce d'argile, rousse et qui sort du four.

« Les Athéniens, dit Pausanias, mettent aux choses divines beaucoup plus de soin que les autres peuples. Les premiers ils ont donné à Athéna le nom d'Erganè, les premiers ils ont fait des Hermès sans corps, et ils ont dédié un temple au démon Spoudaion. » (celui du zèle et de la probité, le génie de cette spoudè que loue ailleurs, à propos de l'Acropole, Pausanias.) Ces trois remarques se rattachent à un même ordre, l'ordre que représentent, au Theseion, Hephaistos et Hephaistia. Athéna Erganè, l'Hermès populaire du carrefour, et le génie du labeur honnête, marquent de concert à leur empreinte une cité de travailleurs ingénieux et aimables. Le support de l'âme athénienne, c'est la vie des métiers, d'où part aussi la plus fine pointe de l'art florentin, et que nous reconnaissons clairement à travers le gothique de l'Ile-de-France. Voyez, sous la dialectique de Socrate et de Platon, cet appel perpétuel à l'art du foulon, du corroyeur, du potier et du pilote, qui égayait les beaux esprits, mais qui n'était que goût d'exacte technique, de compétence et de probité, horreur de la hâblerie et du truquage étrangers, sophistiques. Sur un bas-relief de l'Acropole, Athéna reçoit une offrande d'un artisan. Le don de sa patience elle le lui rendra au centuple, Erganè d'où naît Polias, Polias d'où s'élève Pronoia.

Oui, il était, ce Theseion, le temple du quartier de
Socrate, qui devant lui, à son autel, dut sacrifier souvent,
selon ses modiques moyens. Le fils du sculpteur, passé
sculpteur d'âmes, le fils de la sage-femme, devenu l'ac-
coucheur des esprits, lui qui nomme Dédale son ancêtre,
avait pour patrons le Forgeron et sa parèdre. Le Theseion ne nous rappelle-t-il pas le Socrate du *Banquet*,
tel que le peint le discours d'Alcibiade ? D'abord simple
et commun il cause quelque déception. Il faut l'ouvrir
peu à peu, l'épeler, pour éprouver sa valeur et l'aimer.
Sa beauté saine et solide mûrit à mesure que notre intelligence s'accroît, Il nous rafraîchit d'idées claires. L'émotion est amenée comme le tournant insensible et la fleur
naturelle de la connaissance.

Afin de nous élever à l'idée du dorique, il est accessible et maniable, tout à tous comme Socrate par les
rues étroites d'Athènes. Le voici dans son progrès har-
monieux, aisé, et le mouvement qui va de la base au
fronton, comme il est simple, court-vêtu, transparent,
fait pour servir d'exemple et de preuve ! A cette nature
d'exemple et de preuve qui lui donne sa noble raison de
subsister, viennent collaborer ses lacunes et ses défauts.
Il accentue la légèreté au-delà peut-être de ce que veut
le dorique, il nous amène au point imperceptible d'excès
où la science des proportions, devenue presque trop
habile, apparaît déjà comme une subtilité, où l'art
dépasse visiblement la matière, laisse paraître en sou-
riant derrière elle son visage qui n'est qu'à demi caché.
Comme la virtuosité dialectique qui déborde un dialogue de Platon, la proportion architecturale se révèle
alors plus distinctement, et pour elle-même, à la raison.
Le fronton est maintenant dépouillé, et, par là, devient
visible une fonction de précurseur, de degré : la mémoire
du Parthénon suggère l'idéale sculpture dont nous ani-
mons cette paroi lisse. A l'est, le Théseion enferme une
erreur, mais si instructive que le génie du monument l'a,

dirait-on, fait commettre à l'architecte pour que notre intelligence du dorique s'éclaire. La frise orientale de la cella se continue jusqu'aux colonnes correspondantes du péristyle, placée sur une architrave qui tient ici la place des soffites. On dirait un sonnet, auquel on a ajouté un tercet de rallonge, parce que la matière ne tenait pas en quatorze vers : libertés auxquelles manque l'art qui les ferait passer pour des servitudes volontaires. (Peut-être d'ailleurs y a-t-il là une survivance de certaines pratiques employées dans les temples anciens de Sicile.) Les répercussions fâcheuses de cette petite entorse nous font connaître à merveille comme tout se suit dans le dorique. Il a fallu mettre les angles est de la cella dans l'alignement des colonnes latérales, ce qui diminue la souplesse du péristyle. Cette architrave de supplément, qui ne tient aucun rôle structural, on a dû la faire porter à faux sur le bord du chapiteau, ce qui est contraire à tout l'esprit du dorique. En même temps que l'indépendance architecturale de la cella et du péristyle, loi du dorique, est détruite, leur dépendance est soulignée par la décoration même, qui normalement a pour fonction naturelle de les distinguer. Enfin l'apparence de solidité définitive qui est la raison profonde de tout le temple dorique est elle-même compromise : cette forte architrave, en un point où elle n'est pas attendue, où la membrure traditionnelle de l'édifice n'est pas disposée pour qu'elle s'y appuie, inquiète. Il a suffi que la sculpture prît une petite liberté, que la décoration fît un pas hors de sa place, pour qu'en un coin de l'édifice tous les contresens fussent accumulés. On ne saurait employer plus d'ingénieuse complaisance à nous faire comprendre que le temple dorique est un organisme où la place de chaque partie est marquée par une raison, ni nous dire plus élégamment, comme le tireur marseillais : Voilà comme il ne faut pas faire !

Le temps, qui l'a conservé pour en nourrir notre intelligence, a sur lui, dans un surcroît de dilection, mûri du Pentélique la patine la plus précieuse. Elle paraît harmonieuse, fondue, plus que celle même du Parthénon. Les touches successives de la lumière appellent un grand peintre à nous conter par le Theseion l'histoire du jour, comme a fait Claude Monet par la cathédrale de Rouen. Le matin, sur la face sud, la teinte dorée des colonnes, quand l'ombre y demeure encore et qu'une poussière diffuse de soleil y présage seule les pleins rayons, paraît d'un rose ténu, un rose de pollen au long d'étamines sans poids ; mais, sur les colonnes, l'architrave et les métopes lisses, déjà, sont sorties tout entières de l'ombre ; elles ne font qu'une tranche compacte d'or, où leur courbure module un accord de lyre. Je ne sais si je retrouve, dans aucun marbre de l'Acropole, cette vie intérieure de lampe, et le paros de l'Hermès, à Olympie, nous rend seul une chair plus pénétrée de lumière. Quand Pétrarque étudiait à Bologne, une jeune fille y enseignait le droit, si belle que pour ne pas distraire ses auditeurs, par son visage, de sa parole, elle professait derrière un rideau. Le Theseion fut gardé pour nous apprendre le dorique, mais le dorique grec n'est pas le droit romain, et la douceur, ici, de la matière, cette pureté de bras nu que le matin inspire au marbre, s'incorporent à l'ordre sévère, font leur partie dans sa vérité.

Lorsque, les Propylées franchis, on voit se développer de son angle la face ouest du Parthénon, on connaît qu'en effet tout le reste n'était qu'échelons, premiers degrés d'une dialectique. On n'accède pas à une beauté nouvelle, on voit au contraire que, depuis le Theseion, par les Propylées, on se confirmait dans une habitude, et voici le moment suprême dont on attendait exactement la venue. Un seul groupe des deux frontons est resté en place, et c'est ici, tout juste, qu'il en était besoin. Ces

La Plaine, l'Acropole, l'Hymette

deux statues sans têtes, une femme dont un bras porte sur les épaules d'un homme et qui se soulève à demi, on y voit souvent Cécrops et Aglaure, et ces noms, qui importent peu, en valent d'autres. Au coin même où nous abordons le Parthénon, il semble qu'il se raidisse sur sa ruine, et qu'il retrouve, dans son dénûment, pour les porter au regard de l'étranger, ses deux dernières figures vivantes.

Mais quand nous montons par le versant sud, venant du Théâtre, l'angle sud-ouest lève une épaule si fière que de là on croirait que le Parthénon, sur l'Acropole, est seul. La forte colonne d'angle, malgré son chapiteau écorné, surgit comme une privilégiée. Elle porte presque entier son entablement, et, sous son coin de fronton, sa belle métope intacte du Lapithe saisi par un Centaure. Au coin qui regarde la mer elle est restée sans défaillir. Elle tient, pour nous, sur l'Acropole, la place de l'Athéna Polias, et, nous défendant contre le goût des ruines, demande notre premier regard pour le couler sous ses cannelures dans un poids de discipline dorique.

Cette face, la moins mutilée et la première aperçue, nous paraît l'entrée du Parthénon. Cependant, pour les anciens, elle aussi n'était qu'une étape, elle n'était pas faite pour retenir définitivement le regard, mais pour le conduire vers l'entrée orientale, la vraie. Les sanctuaires, les constructions qui s'entassaient entre les Propylées et la face ouest du Parthénon, aujourd'hui rayonnante et libre, tenaient leur rôle dans l'harmonie générale de l'Acropole ; non seulement ils faisaient autant de degrés vers le Parthénon, mais en se pressant de ce côté à son pied, en l'encombrant un peu, ils marquaient que cette face était celle de l'arrière, ils signifiaient qu'on ne la considérât pas comme une fin. Ils s'accordaient avec la Voie Sacrée, qui de ce côté ne faisait que côtoyer l'angle, et qui dirigeait les pas et l'attente vers l'entrée principale et dégagée. Là, à côté du grand autel, une ample et libre plate-forme, plus tard chargée par le petit temple de Rome, laissait l'espace ouvert comme une fleur fraîche devant le fronton suprême où la déesse naissait. L'entrée de l'Acropole était opposée à l'entrée des temples ; la Voie Sacrée n'en prenait que plus de sens et de logique, elle acceptait cet obstacle pour le tourner en beauté.

Par la face Est, celle de la Naissance, le Parthénon dans l'étendue libre et bleue fleurissait. Par la face Ouest, celle de la Dispute, avec les divinités attiques présentes au fronton, il tenait à l'épaisseur et à la solidité de la vie athénienne. L'enceinte d'Athéna Erganè, la Chalcothèque y amoncelait le travail petit et populaire, les ex-voto par centaines, et les vieux cultes tenaces. En entrant dans l'Acropole, on voyait le temple qui plongeait dans ce terreau natif ses larges racines de marbre.

L'épaisseur et la durée de ces fondations paraissent aujourd'hui, magnifiquement, à nu. Elles expriment en clair l'énergie qui soutenait tout. Elles sont belles à la base comme l'est à des combles une charpente de bois sain, de cèdre incorruptible.

Tout est disposé pour que le génie des constructeurs se révèle comme un rayonnement de la probité, comme une profondeur de raison attentive. C'est le travail d'un homme libre, qui traite de pair avec les dieux, ne cherche pas à les tromper, apporte à la déesse un marbre net et pur comme l'épée et le bouclier d'un brave : pas de ces malfaçons cachées dont est coutumier l'architecte égyptien. La solidité de l'œuvre était en puissance et en exemple dans la matière même du marbre. Depuis le tâcheron qui coupait à la carrière un bloc frais, l'artisan qui sur place procédait au ravalage, jusqu'à Phidias qui taillait dans deux saphirs les yeux de Pallas, il semble que tout le travail du temple n'ait battu que d'un seul grand cœur. Des rivalités et des haines qui s'agitèrent ici, et dont la trace demeure dans les Propylées inachevés, rien ne laissa, au Parthénon, même une rayure d'ongle : l'olivier qu'Athéna faisait naître à son fronton d'Occident puisait dans le marbre, à pleines racines, la paix de la déesse.

Toute beauté neuve naît d'une victoire qui aboutit à une justice, d'un équilibre entre deux contraires, la persuasion inclinant la force à déposer les armes, ce groupe d'Aphrodite et d'Arès duquel la Vénus de Milo survit. La raison du Parthénon est de fondre la robustesse et la délicatesse, d'unir toutes les formes intelligentes que l'analyse ici derrière ces deux étiquettes extérieures découvre. Notre conscience du Parthénon, nous l'obtenons à la fois par une intuition de l'œil et par une inspection de l'esprit. Sur cette œuvre de pensée juste, penser c'est compenser la ruine. Nous ne le restaurerons pas avec du marbre neuf, mais avec des idées claires. Et nous reconnaissons, dans les deux plateaux qu'il équilibre, les figures grecques de ce que Pascal nous apprend à discerner comme l'esprit de géométrie et l'esprit de finesse : « Le premier a des vues lentes, dures et inflexibles ; mais le dernier a une souplesse de pensée qu'il applique en même temps aux diverses parties aimables de ce qu'il aime. Des yeux il va jusques au cœur, et par le mouvement du dehors, il connaît ce qui se passe au dedans. Quand on a l'un et l'autre esprit tout ensemble, que l'amour donne de plaisir ! » Ces deux esprits, pour un grand artiste, il s'agit moins de les avoir que les inspirer à son œuvre, et nous allons les connaître, sur le Parthénon, qui se répondent comme ses frontons intelligents.

Il est fait de géométrie et de souplesse vivante, mais cette souplesse vivante, elle avait alors, pour les Grecs, un lieu qui était la sculpture, de sorte que le Parthénon est un équilibre de géométrie et de sculpture. J'imagine sur lui un fronton idéal qui nous dirait, comme pour

Athéna et Poseidon, leur conflit et leur accord. « Que nul n'entre ici s'il n'est géomètre », c'est la devise platonicienne qu'il expose d'un côté, mais de l'autre il porte l'image du sculpteur d'âmes, et du secret que le fils de Sophronisque transmet à Platon.

La géométrie était, avec le module, posée à la base de tout temple grec. En principe, les éléments du temple ont une mesure commune, figurée par l'un d'eux, le diamètre de la colonne à la base ; mais l'architecte du Ve siècle se réservait tantôt d'observer ce principe avec élégance, tantôt d'en dévier par une dissonance subtile. Il comportait, lui aussi, son clinamen. Au Parthénon, il n'y a pas de commune mesure entre les colonnes doriques plus trapues du péristyle et celles plus sveltes de l'opisthodome : c'est que des unes aux autres il fallait un mouvement, un progrès, tout ce qu'une dissonance exprime. Du principe modulaire, faussé dans l'exposition rigide de Vitruve, on aura, je crois, une juste idée si on le compare, dans le vers français, à la césure, qui se doit tantôt marquer, tantôt éluder, et qui marquée donne au vers son ethos, éludée son pathos. Ce qu'il y a de substantiel en lui se ramène à deux idées, qui régissent toute l'intelligence grecque.

Celle-ci d'abord que tout monument doit être chiffré, que l'architecte travaille à un poème de nombres. La musique, selon Leibnitz, est l'exercice de l'oreille qui fait des mathématiques sans le savoir. L'architecte du Parthénon savait qu'il disposait une musique de pierre sur une armature mathématique. Et la grande sculpture pensait de même. « Le beau, disait Polyclète, résulte de l'accord de beaucoup de nombres. » Cette harmonie de nombres, dont le pythagorisme est peut-être un cas plutôt que la source, nous n'avons aujourd'hui pour la saisir pas plus d'oreille intérieure que nous ne possédons d'oreille matérielle pour reconnaître la combinaison de quantité et d'accent qui faisait la musique du parler grec. Lorsqu'à la fin de sa vie Platon passa de la théorie des Idées-types à la doctrine des Idées-nombres, j'imagine que ce fut en vertu du même instinct qui fit qu'à ses derniers jours Socrate crut recevoir du dieu ce conseil : « Adonne-toi à la musique. » Il fallait que le philosophe quittât la vie et la pensée sur leur accord le plus délicat.

Cette autre idée ensuite, que le temple a sa mesure en lui-même. Certes l'homme est la mesure de toutes choses, et l'art grec relève bien de ce mot de Protagoras. Mais, si le temple grec tire de lui-même sa mesure, c'est que le Parthénon est, au même titre que le Doryphore, au même titre qu'un homme, une forme intelligente de la vie, un être pensant dont la fin est en lui.

De là le caractère des proportions dans un temple grec : « Un édifice grec, dit Fénelon au cours de la *Lettre à l'Académie*, n'a aucun ornement qui ne serve qu'à orner l'ouvrage ; les pièces nécessaires pour le soutenir ou pour le mettre à couvert, comme les colonnes et la corniche, se tournent seulement en grâce par leurs proportions. » Il en parlait de loin, un peu à faux, et, dans la suite, il divague étrangement. Si toute la beauté du Parthénon dérivait de son élément géométrique, de ses proportions, il serait égalé par les œuvres de Palladio. La grâce ne lui vient pas de ses proportions, mais de ce qui s'ajoute à ses proportions, de l'ordre supérieur auquel elles servent. Platon fermait son école à qui n'était pas géomètre, mais il la fermait bien davantage à qui n'était que géomètre.

Ce que ses proportions donnent au Parthénon, c'est sa grandeur matérielle. On sait que tout, dans les proportions du temple grec, est calculé de façon qu'il paraisse d'abord beaucoup plus grand qu'il n'est, — et cela, nous le voyons singulièrement dans le Parthénon, plus singulièrement encore dans le Parthénon ruiné, avec les grands espaces vides du milieu. Je trouve aux notes du *Temple du Goût* une remarque curieuse de Voltaire : « Quand on entre dans un édifice bâti selon les véritables règles de l'architecture, toutes les proportions étant observées, rien ne paraît ni trop grand ni trop petit, et le tout semble s'agrandir insensiblement à mesure qu'on le considère. Il arrive tout le contraire dans les monuments gothiques. » Le type de l'édifice bâti selon les véritables règles de l'architecture est évidemment, ici, pour Voltaire, Saint-Pierre de Rome, bien qu'il ne l'ait jamais vu. Or, — et quoi qu'en ait dit Viollet-le-Duc, qui, se plaçant à son point de vue de l'« échelle humaine », donne à Saint-Pierre et au temple grec le même principe de proportions — le Parthénon se comporte exactement comme un monument gothique, et au contraire de ce que Voltaire appelle en toute confiance les véritables règles. Ni lui ni une église ogivale ne s'agrandissent à mesure qu'on les considère. C'est au premier coup d'œil qu'ils donnent l'impression de grandeur matérielle, et cette grandeur diminue à l'examen et à la réflexion. Mais notre idée du monument ne diminue pas pour cela : au contraire. La grandeur matérielle est un échelon par lequel nous passons, le premier, et parvenons à une grandeur supérieure, celle de l'esprit, qui paraît dans chaque détail, en tant qu'il a sa beauté propre, et que cette beauté se relie harmonieusement à l'ensemble. La grandeur matérielle est un ordre de géométrie, celui qui commence au soubassement. Le regard débute, ainsi qu'a fait l'architecte lui-même, par lui, mais il n'y demeure pas. De l'ordre géométrique, il s'élève à l'ordre de la vie, celui qui s'achève au fronton. Quand il est entré, par une dialectique de forme platonicienne, au cœur et au plein de la beauté, la grandeur de chair n'existe plus pour lui, mais certes il fallait la traverser. A Saint-Pierre, au contraire, la conclusion et le couronnement de notre perception, c'est cette grandeur de chair, de matière, le tout paraissant en effet « s'agrandir insensiblement à mesure qu'on le considère ». La quantité n'est plus, comme chez les Grecs, le symbole grossier et l'échelon inférieur de la qualité ; elle devient en elle-même une fin ; bien plus elle devient la fin des proportions. L'immensité de la salle hypostyle de Karnak est donnée dès les premiers regards, confirmée et enracinée, sans changement, dans les regards qui suivent ; l'impression demeure immuable, c'est une beauté massive dans le temps comme dans l'espace. La grandeur matérielle de Saint-Pierre n'est pas donnée entière dans les premiers regards, elle s'accroît à mesure que nous entrons dans l'édifice et que nous en prenons l'habitude ; l'œil découvre cette grandeur peu à peu dans les proportions ; il s'en repaît et s'y oublie, jusqu'à ce que l'impression dernière soit celle de masse et d'orgueil romains, de ce catholicisme qui s'exalte comme un torrent d'orgues dans les lettres gigantesques de la coupole : *Tu es Petrus et super hanc petram Ecclesiam meam œdificabo.* La pierre, en effet, nécessaire sans doute, du soubassement religieux ; mais cette pierre seulement, et non l'église vivante d'hommes, et non la demeure divine. Dans cette apothéose, de la quantité et de la matière, je ne vois pas Saint-Pierre recevant les clefs du royaume des cieux, mais Saint-Pierre, avant le chant du coq, reniant trois fois l'idéalisme évangélique, le royaume de Dieu. Au contraire, dans le temple grec, comme dans l'église gothique, la quantité, dès son principe, implique une intelligence qui s'éveille et qui se libère d'elle. Un côté du Parthénon présente au regard la même immensité qu'un vaisseau de cathédrale : mais l'esprit, au lieu d'élever, comme une coupole, la grandeur sur les proportions, ramène la grandeur matérielle à une justesse intelligente de proportions, découvre dans le nombre une capacité de musique, et dégage des pierres, comme l'âme même de l'édifice, une puissance de mélodie.

Le Parthénon, au même titre que les nefs de Chartres et d'Amiens, est le chef-d'œuvre de l'art qui se sert des proportions, mais ne s'y asservit pas, qui ne reçoit pas la proportion comme un dogme, mais comme une vue de l'intelligence, et conçoit la proportion vraie comme une proportion de proportions. Une des cinq ou six remarques profondes qui surnagent sur la *Grammaire des Arts du Dessin*, de Charles Blanc, est celle-ci : « Notre déception à Saint-Pierre, dit-il, provient de la parfaite concordance des trois dimensions. La hauteur étant très haute, la largeur très large et la profondeur très profonde, ces trois grandeurs se rachètent l'une l'autre et se neutralisent. » C'est très vrai. Il n'y a pas de grandeur absolue. Une grandeur n'apparaît que par le sacrifice d'une grandeur, de même qu'une forme de l'être ne se pose qu'en niant une autre forme. Cette concordance de grandeur dans les trois dimensions, qui les diminue toutes trois, retrouvez-la exactement, et par une même loi des choses, dans la vaine ambition des papes eux-mêmes lorsqu'ils voulurent, avec Boniface VIII et Urbain V, charger leur front des trois couronnes : la papauté, aujourd'hui, paraît d'autant plus grande que, dépouillée de sa dimension temporelle, elle est plus faible. Le Parthénon, comme l'église gothique, emploie l'art des proportions à ne mettre en valeur qu'une seule grandeur. Extérieurement c'est la longueur des grands côtés, comme c'est, dans le gothique, intérieurement, la longueur de la nef. Intérieurement c'est la hauteur de la statue colossale, comme c'est, dans le gothique, extérieurement, la hauteur des tours et des clochers. La grandeur principale implique une grandeur subordonnée et une grandeur sacrifiée. Quand la longueur est la principale, la hauteur lui est subordonnée, la largeur sacrifiée. Quand la hauteur est la principale, la largeur lui est subordonnée (il lui faut une base, des fondations), la longueur sacrifiée. Quand la largeur est la dimension principale, comme aux Propylées, la longueur lui est subordonnée, la hauteur sacrifiée.

De la sorte, la grandeur du monument est donnée à

l'œil par des rapports qui sont intérieurs au monument, par des nombres individuels qui lui sont propres, de véritables nombres intelligibles comme ceux de Platon. Au contraire un monument qui vise, comme les Pyramides, la grande salle de Karnak, ou Saint-Pierre, à la grandeur matérielle, porte l'esprit à lui chercher des rapports extérieurs. Ne pouvant le comparer à lui-même, c'est-à-dire une de ses dimensions à une autre, nous le rapprochons d'autres monuments, et cela au moyen de nombres communs, de chiffres. Il semble que la hauteur des Pyramides ait besoin, pour être connue, que nous la mesurions aux flèches de Cologne ; que le touriste parvienne à une idée complète de la salle hypostyle seulement quand il a appris combien d'hommes à la fois peuvent se tenir assis sur la campane de chaque grosse colonne, et que chacune de ces colonnes surpasse la colonne Vendôme ; — et l'échelle comparative de Saint-Pierre avec Saint-Pierre de Londres, Sainte-Sophie, le Dôme de Milan, Notre-Dame, est consubstantielle à sa « grandeur » au point d'être inscrite sur son pavé. C'est la conception américaine du *the greatest in the world*. Dans le monde grec, les Siciliens et les Asiatiques, qui touchent de plus près au goût barbare, y inclinent peut-être, avec leurs temples colossaux (je dis peut-être, parce que nous n'en avons, sauf des chiffres, aucun vestige lisible). Mais les Athéniens, quand ils voulurent sur l'Acropole un temple parfait, ne prétendirent pas en imposer par la brute épaisseur d'un chiffre. Le bon Pausanias a dit, comme Charles Bovary, un seul mot profond dans sa vie, ou tout au moins dans son livre. Il donne une raison admirablement hellénique pour ne pas mentionner les dimensions du Zeus Olympien : « Je n'approuve pas ceux qui allèguent ces mesures : car elles sont bien au-dessous de l'idée que nos yeux nous donnent de la statue. » Là, ce pauvre voyageur formule la règle d'or de toute beauté supérieure. Quel besoin le Parthénon et Notre-Dame ont-ils d'un mérite certifié par l'acte notarié d'une quantité ? « Quel besoin, dit La Bruyère, a Trophime (entendez Bossuet) d'être cardinal ? »

Si la grandeur du Parthénon est, comme celle de l'église gothique, une grandeur connue par le regard et l'intelligence, non par un décompte mécanique, le paradoxe serait excessif d'en conclure que cette grandeur appartient, dans le temple grec et l'église française, exactement au même ordre. La théorie de Viollet-le-Duc sur « l'échelle humaine » du gothique intervient ici, pour qu'on la discute et la mette au point. La grandeur de l'église gothique est, selon cette théorie, faite de grandeurs assemblées et ordonnées, membres architecturaux ou détails décoratifs, dont la quantité, et non les dimensions approximatives, varie avec cette grandeur d'ensemble. Comme l'église est destinée à l'homme, l'unité de grandeur est posée par l'usage humain. Dans le temple grec, au contraire, les dimensions des parties seraient proportionnelles à la grandeur de l'édifice. C'est là une théorie capitale, avant laquelle l'intelligence du gothique restait incomplète. Je l'ai trouvée précieuse pour m'aider à réfléchir devant le Parthénon. En ce qui concerne le temple grec, elle est peut-être d'autant plus féconde qu'elle est plus discutable. Comme l'archéologie classique ne s'en est guère occupée, je vais citer en partie les textes de Viollet-le-Duc, qui se trouvent à l'article *Echelle* du *Dictionnaire raisonné de l'Architecture française.*

« L'échelle d'une cabane à chien est le chien, c'est-à-dire qu'il convient que cette cabane soit en proportion avec l'animal qu'elle doit contenir. Une cabane à chien dans laquelle un âne pourrait entrer et se coucher ne serait pas à l'échelle.

» Les Grecs, dans leur architecture, ont admis un *module...* ils ne paraissent pas avoir eu d'*échelle...* La *dimension* ne paraît pas changer les *proportions relatives* des divers membres de l'ordre.

» De même que, dans la société antique, l'individu n'est rien, qu'il est le jouet du destin, qu'il est perdu dans la chose publique, aussi ne peut-il exercer une influence sur la forme ou la proportion des monuments qu'il élève. Un temple est un temple ; il est grand si la cité peut le faire grand ; il est petit, si sa destination ou la pénurie des ressources exige qu'il soit petit ; s'il est grand, il a une grande porte ; s'il est petit, il n'a qu'une petite porte. Les impossibilités résultant de la nature des matériaux mettent seules une limite aux dimensions du grand monument, comme l'obligation de passer sous une porte empêche seule qu'elle ne s'abaisse au-dessous de la taille humaine ; mais il ne venait certainement pas à l'esprit d'un Grec de mettre en rapport son édifice avec lui homme, comme il ne supposait pas que son *moi* pût modifier les arrêts du destin. Les rapports harmoniques qui existent entre les membres d'un ordre grec sont si bien commandés par l'art et non par l'objet, que, par exemple, un portique de colonnes doriques devant toujours s'élever sur un socle composé d'assises en retrait les unes sur les autres comme des degrés, la hauteur de ces degrés devant être dans un rapport harmonique avec le diamètre des colonnes, si le diamètre de ces colonnes est tel que chacun de ces degrés ait la hauteur d'une marche ordinaire, c'est tant mieux pour les jambes de ceux qui veulent entrer sous le portique. Mais si le diamètre de ces colonnes est beaucoup plus grand, la hauteur de ces degrés augmentera en proportion ; il deviendra impossible à des jambes humaines de les franchir, et comme, après tout, il faut monter, on pratiquera dans ces degrés des marches sur quelques points, comme une concession faite par l'art aux besoins de l'homme, mais faite on s'en aperçoit, avec regret. Evidemment le Grec considérait les choses d'art plutôt

en amant qu'en maître. Pour lui, l'architecture n'obéis-
sait qu'à ses lois propres...

» ...A la place de ces principes harmoniques, basés
sur le module abstrait, le moyen âge émit un autre
principe, celui de l'échelle, c'est-à-dire qu'à la place
d'un module variable comme la dimension des édifices,
il prit une mesure uniforme, et cette mesure uniforme
est donnée par la taille de l'homme d'abord, puis par la
nature de la matière employée... Dorénavant, une porte
ne grandira plus en proportion de l'édifice, car la porte
est faite pour l'homme, elle conservera l'*échelle* de sa
destination ; un degré sera toujours un degré praticable...
Quelle que soit la hauteur d'une pile, la base de cette
pile ne dépasse jamais la hauteur d'appui ; quelle que
soit la hauteur d'une façade, la hauteur des portes n'excé-
dera pas deux toises, deux toises et demie au plus, parce
qu'on ne suppose pas que des hommes et ce qu'ils peuvent porter, tel que bannières, dais, bâtons puissent
dépasser cette hauteur. Quelle que soit la hauteur d'un
vaisseau, les galeries de service à différents étages seront
proportionnées, non à la grandeur de l'édifice, mais à la
taille de l'homme. »

Je laisse de côté la seconde échelle, celle qui est donnée
par la dimension des matériaux employés ; il faut lire
à ce sujet dans le *Dictionnaire* la belle analyse, classique
en archéologie médiévale, de la façade de Notre-Dame
de Paris.

Cette théorie mène à penser plutôt qu'elle ne fournit
une vérité. L'échelle humaine, comme le module grec,
est sans cesse présente et rappelée, mais présente et
rappelée au moment même où elle va être oubliée et
dépassée, dans une de ces admirables dissonances qui
sont le triomphe et la fleur de l'harmonie gothique, la
plus riche dont ait joué l'architecture humaine. Les
portes elles-mêmes en donnent déjà un exemple saisissant. Elles ne dépassent pas à vrai dire les besoins de la

taille humaine ; mais les éléments architecturaux ce sont bien moins les portes que les porches dans lesquels elles sont comprises, les gâbles qui parfois surmoutent ces porches. Or, les porches et les gâbles sont en rapport avec les dimensions de l'édifice, au même titre que la porte du Parthénon ou de l'Erechteion.

Il y a en effet, je crois, de la part de Viollet-le-Duc, une confusion. Ce qu'il faut considérer, et comparer à la porte antique, ce n'est pas la porte *pratique* de l'église, c'est sa porte *architecturale*, c'est l'ensemble de l'ébrasement. Les trois porches sont les véritables portes. Ils s'imposent de loin comme l'entrée immense de l'édifice Ils sont, relativement, plus grands encore que la porte du temple grec.

Regardez le chef-d'œuvre de la façade gothique, la façade de Reims. Voyez comme l'architecte a élevé ses porches, comme il les a lancés ardemment, dans un mouvement aussi hardi, aussi frais, que celui de leurs admirables statues, comme ses ouvertures si pathétiquement, si actuellement béantes, cherchent à se dépasser elles-mêmes par les gâbles, comme elles vont, par la pointe même de ces gâbles, rejoindre les autres ouvertures, toucher les roses, faire que tout dans la façade soit porte, accès, accueil et harmonie frémissantes, et pour la lumière et pour les hommes. Il semble qu'une foule soit déjà attirée, incorporée par elles : portes vivantes, portes où les hommes se mêlent aux anges, et qui, à cette architecture en mouvement, en poussées, qu'est l'église gothique, ouvrent une façade vivante, grâce au flot humain, au flot céleste, au flot lumineux.

Viollet-le-Duc, comparant la façade de Notre-Dame, réglée par l'échelle humaine, et l'Arc de l'Etoile, reproche à celui-ci d'écraser, de faire paraître naine la plus belle promenade de l'Europe, et, triomphant pour son monument, s'écrie : « Les maisons de la place Notre-Dame sont encore des maisons et non des boîtes à souris. »

Mais placez-vous en face des porches de Reims. Ils semblent bien proportionnés moins à un homme qu'à une maison, et vous croiriez que l'hôtel du *Lion d'Or*, qui est en face, va s'engager dans le porche central, avec les automobiles qu'il gare et les Anglais qu'il héberge, sans plus de difficulté que la feuille de salade et ses trois pèlerins dans la bouche de Gargantua. Et comme il fait, ce porche, minime, en face de lui, sur la place, la statue de Jeanne d'Arc ! La voilà, la vraie souris...

Dans cette baie architecturale la porte proprement dite disparaît presque. Son importance est nulle. Le motif de menuiserie et de ferronnerie ne tient qu'une place réduite. Jamais les grands gothiques ne se sont attachés à donner aux portes une ornementation qui leur fût propre et qui les soulignât : des peintures, c'est tout, Mais — et ceci aurait bien dû faire réfléchir Viollet-le-Duc — c'est précisément lors de la décadence gothique, dans le flamboyant, que l'ébrasement, perdant son ampleur et ses gâbles, se réduit presque à l'ouverture de la porte, et que la porte est parfois soulignée, caressée par une décoration, par les sculptures riches de ses vantaux.

A Reims, les portes, inexistantes pour l'architecture, ne sont vraiment qu'un passage pratiqué dans les porches. Et même elles me rappellent fort bien cette partie du temple grec à laquelle veut les opposer la page que j'ai citée de Viollet-le-Duc : les marches de fortune qu'on plaçait pour le pas humain sur les trois degrés du soubassement.

Il est d'ailleurs probable que les gothiques ont eu comme nous conscience de ces idées. Je crois que l'échelle humaine a été surpassée, à Reims, plus nettement qu'ailleurs, et de façon délibérée. Jean d'Orbais et Jean le Loup ont dû discuter ces questions comme Ictinos et Mnésiclès, et ils ont dû conclure nettement contre l'échelle et pour l'autonomie du monument, comme l'architecte de Notre-Dame de Paris avait conclu pour la relation du monument à l'échelle. Tout se tenait d'ailleurs. A Reims, les porches élancés, avec leurs gâbles, devaient préparer les flèches des tours, qui ne semblent pas avoir été prévues à Notre-Dame. Une théorie générale à ce sujet devrait tenir compte de ces divergences et de cette souplesse.

Ce qui, dans la théorie de Viollet-le-Duc subsiste de plus vrai, c'est peut-être que la grandeur de l'église gothique est essentiellement arithmétique, c'est-à-dire qu'elle est créée par une accumulation de détails, et que même dans les grandes parties ces détails font régner l'ordre au moyen d'un diviseur commun. La grandeur du temple grec sera plutôt un équilibre de grandeur géométrique et de grandeur arithmétique.

Là où Viollet-le-Duc se trompe certainement, c'est lorsqu'il estime que le temple grec n'a pas d'échelle, que « la dimension ne paraît pas changer les proportions relatives des divers membres ». Si cela était vrai, il faudrait croire qu'un architecte grec n'eût vu aucune difficulté à ce qu'un temple fût construit exactement sur le modèle d'un Parthénon, mais seulement quatre fois plus petit ou deux fois plus grand. Or, cela, je suis bien sûr que jamais il ne l'eût admis. L'ordre, l'espèce, les détails d'un temple étaient commandés par ses dimensions. Pas un architecte qui n'eût souscrit à ce que dit, sur la tragédie, Aristote : « Comme le beau, que ce soit un être animé ou une action quelconque, se compose de certains éléments, il faut non seulement que ces éléments soient mis en ordre, mais encore qu'ils ne comportent pas n'importe quelle étendue » Un petit temple avait peu de colonnes, et un grand temple en avait davantage. Un petit temple était sur antes, un grand temple était périptère. Au Ve siècle les Athéniens ne construisaient pas de petits temples doriques, mais réservaient le dorique aux grands temples périptères, l'ionique aux petits temples amphiprostyles. Si le Parthénon doit être plus grand et le

Theseion plus petit, on fait l'un octostyle et l'autre hexastyle. Le module enfin s'adapte aux intentions de l'architecte, et son rapport avec l'entre-colonnement varie selon l'effet de masse ou de sveltesse à produire : il peut aller du simple au double, du pycnostyle au diastyle, peut-être plus loin.

La théorie de Viollet-le-Duc est fondée, en ce qui concerne le temple, sur deux exemples principaux : celui des degrés et celui de la porte. Ni l'un ni l'autre ne paraissent tout à fait probants. C'est au Ve siècle seulement que le temple grec remplace par ses trois degrés colossaux (et encore il n'y en a que deux au Theseion) les marches, proportionnées au pas humain, qui conduisaient au péristyle. Et cela avec une intention bien nette, en accord avec le rétrécissement contemporain de ce même péristyle, celle de faire du temple moins un promenoir et plus une maison divine. On s'est préoccupé du pas humain, mais précisément pour l'écarter. Quant à la porte d'un temple grec, elle ne saurait être comparée avec celle d'une église, dont on a vu d'ailleurs l'inexistence architecturale. La porte de temple n'est pas destinée seulement au passage, mais à l'éclairage. Elle tient la place des fenêtres et des roses gothiques. Elle n'est pas plus démesurée que les immenses verrières de nos cathédrales. Bien plus, son rôle sympathise parfaitement avec celui de ces verrières. Dans l'église gothique, où tout est action, tension, la lumière elle-même n'est pas reçue passivement ; elle se teint, elle vibre, elle chante dans les vitraux. De même la porte du temple traitait la lumière comme une chose vivante, comme une écluse l'eau : elle s'ouvrait plus ou moins pour la laisser entrer, filtrer, ruisseler ; et elle la ménageait en rayons ou la précipitait, sur les trésors, en cascade, en nappe. Elle était, dans la demeure du dieu, le ministre de la lumière.

Si la grandeur d'une œuvre grecque, comme d'une œuvre gothique, dépasse la lettre ou le chiffre de ses dimensions, c'est que l'artiste, lui, a tenu le plus grand compte des dimensions, et cela précisément afin de les faire oublier. Si, au Parthénon d'Ictinos, les dimensions qui servaient au Parthénon précédemment commencé subissent un changement, et si le nouvel édifice ne veut pas utiliser toute l'aire préparée pour le soubassement de l'ancien, c'est qu'un coup d'œil plus sûr a éprouvé et pesé les dimensions exactes qui conviennent à l'octo-style. Phidias pouvait faire un Zeus de six pouces, aussi grand que le colosse d'Olympie ; mais alors il l'eût fait comme il convenait à cette dimension, debout et non assis, sans piédestal, sans Victoire dans la main.

Un petit temple n'est donc pas le diminutif d'un grand, ni un grand l'amplification d'un petit. L'hellénique ne se comporte ici pas autrement que le gothique. Mais cette question reste entière : Le temple a-t-il une échelle ?

L'échelle d'une cabane à chien, c'est le chien. L'échelle d'une église, c'est l'homme. Mais pourquoi l'homme, puisque l'église est la maison de Dieu ? C'est l'homme, pour deux raisons. D'abord parce que l'église est faite pour recevoir des hommes, qu'elle est faite pour des foules, qu'elle est commandée par ce ruissellement de foules comme un comble incliné par le ruissellement des eaux, que l'église apparente de pierres ne figure qu'un symbole de l'église véritable, église dont la pierre angu-laire est un homme, Pierre, et dont toutes les pierres sont des hommes, des âmes. Ensuite parce que l'église, en tant que maison de Dieu, est la maison d'un Dieu fait homme, d'un Dieu qui a revêtu la forme humaine, non dans une magnificence terrible et colossale, mais dans la simplicité qui lui donne pour berceau une crèche, dans la faiblesse et l'humilité qui le dévouent à mourir sur la croix. La taille humaine ici ne fait qu'un avec la taille de Dieu. Ces deux échelles humaines tout en s'entre-croisant et en s'impliquant ne sont d'ailleurs pas absolu-ment les mêmes, et l'on pourrait dire que la première, l'échelle d'une foule, est plutôt celle de Reims, et la seconde, l'échelle de l'homme, plutôt celle de Notre-Dame de Paris.

Le temple grec a une échelle, et cette échelle, c'est le dieu, c'est-à-dire une forme humaine jamais monstrueuse, mais plus grande, plus forte, plus puissante. Le Parthénon est accordé aux dimensions de sa déesse. Je ne veux pas dire qu'il soit exactement à sa statue d'ivoire ce qu'une maison est à l'homme. (Rappelons-nous pourtant l'exiguïté des maisons athéniennes, vraies cabanes, parfois, pour la nuit.) Mais ses proportions autant que ses dimensions préparent l'œil à y trouver une présence colossale. Les trois degrés y appellent un pas surhumain, la haute porte le passage d'un dieu. De même que l'extérieur est fait pour ménager cette attente, l'intérieur est fait pour la dépasser. La statue qui touche au plafond, et grandie encore par l'obscurité, par le dédoublement de la colonnade, fait succéder un nouvel ordre de grandeur à celui de l'architecture. Bien plus, l'extérieur déjà comporte une mise au point, fournit une échelle, avec la grande Promachos de bronze : par sa lance dont les marins apercevaient la pointe, comme le premier regard d'Athènes dès qu'ils avaient dépassé le cap Sounion, elle figurait vraiment le clocher de l'Acropole, clocher isolé de ses monuments ainsi que les campaniles italiens. Elle allégeait la colline en y levant cette dimension de hauteur qui partout ailleurs avait été sacrifiée à la prépondérance des lignes horizontales. Quatremère de Quincy distingue le colossal des statues extérieures, comme le colosse de Rhodes, qui vues de loin, prenaient des dimensions normales, s'harmonisaient avec le paysage, et le colossal des statues intérieures, chryséléphantines, qui était un colossal absolu. Mais la Promachos de bronze était vraiment pour l'Acropole une statue intérieure, destinée à mettre parmi les temples un exemplaire de la forme divine qui servait d'échelle à leurs dimensions. L'aspect construit de la colline, la succession de plans horizontaux, la hiérarchie de sculpture qui montait des fortes bases, tout préparait ce génie armé de l'Acropole. La grandeur naturelle d'un dieu était dressée avec le même parti pris religieux, le même artifice simple, confiant, tranquille, qui au Parthénon, dans la frise des Panathénées, donnait aux dieux assis la hauteur des hommes debout.

Cette forme divine est la forme humaine héroïsée. Le temple grec est à l'échelle d'une sorte de Surhomme nietzschéen, que l'homme peut-être ne doit pas désespérer d'atteindre. « Ta cella éclaterait, dit Renan, s'il lui fallait contenir une foule. » J'imagine Nietzsche écrivant ici, en marge de la *Prière sur l'Acropole* : « Oui, de rire ! » Viollet-le-Duc tombe dans un contresens quand il écrit à propos du temple : « Il ne venait certainement pas à l'esprit d'un Grec de mettre en rapport son édifice avec lui, homme, comme il ne supposait pas que son moi pût modifier les arrêts du destin. » Il lui venait au contraire à l'esprit de mettre son monument en rapport avec une vie héroïque et surhumaine, avec une sorte de *moi* idéal, comme la Cité dorienne, comme le sage platonicien, qui trouve toujours en son âme de quoi concevoir un ordre supérieur au destin.

Précisément, dans un autre article du *Dictionnaire*, *Donjon*, où Viollet-le-Duc décrit la grosse tour du château de Coucy, je trouve ces mots : « Tout, dans ce donjon, est bâti sur une échelle plus grande que nature : les allèges des créneaux, les marches des escaliers, les bancs, les appuis, semblent faits pour des hommes d'une taille au-dessus de l'ordinaire. » Evoquez le temple grec et voyez la même idée produire les mêmes effets d'architecture. Le surhomme, là, c'est ce colosse de fer, d'orgueil et d'audace qui s'appelle le chevalier, le baron féodal. Le château est la maison du baron comme le temple celle du dieu. « A Coucy, continue Viollet-le-Duc, on reconnaît la conception méthodique de l'homme civilisé qui sait ce qu'il veut et dont la volonté est puissante. Ici plus de tâtonnements : la forteresse est bâtie rapidement, d'un seul jet ; tout est prévu, calculé, et cela avec une ampleur, une simplicité de moyens faites pour étonner l'homme indécis de notre temps. » Ce sont les termes exactement qui conviennent au Parthénon.

Ainsi l'Athéna de bronze donnait à l'Acropole son ton, sa perspective, sa nature de colline des Dieux. Le Parthénon, à son échelle, paraissait un être vivant comme elle. Ici l'opposition du temple et de l'église gothique devient radicale. L'église, faite pour une foule, est elle-même une foule, foule végétante de détails, foule de statues, foule de personnages sur les vitraux, foule de supports, branches d'ogives et colonnettes, par lesquels tout le détail de la poussée visiblement ruisselle. Cette architecture de poussées est une action continue. Et la foule humaine qui remplit l'édifice, la foule constructive et décorative qui en est le motif architectural, s'appellent, s'impliquent ; leur collaboration fait l'unité de pierre et de lumière, de chair et de prière, qui symbolise la Cité de Dieu. Mais le temple, qui n'est pas destiné à une foule, ne figure pas lui-même une foule. Il figure un individu. De ce pullulement de détails où fleurissent Chartres, Milan, Burgos, les Grecs eussent pensé probablement ce que répondirent les Spartiates au discours trop long d'ambassadeurs Samiens : qu'ayant oublié le commencement de leur harangue, ils n'en entendaient pas la fin. Tout, au Parthénon, unit le commencement et la fin par une même courbe intelligible. Le Parthénon n'est pas une somme d'humanité, mais une vie humaine. Il n'est pas un peuple de statues, mais une statue. La grande Pallas d'ivoire et le temple qui lui servait de châsse furent faits en même temps, l'un à côté de l'autre, l'un pour l'autre, l'un comme l'autre ; et le temple porta ses frontons pensants ainsi que la déesse les chevaux galopants et les sphinx de son casque : poussée de leur âme et sa fleur suprême dans ces agiles formes d'ordre et d'intelligence.

Secret du Parthénon, en tant qu'il mène insensiblement et exactement à son apogée tout le travail du temple grec : l'architecture, dans ce mouvement pour dépasser la quantité, pour faire servir la matière à l'esprit, pour se libérer de toutes ses servitudes, ou plutôt pour faire en sorte que toutes ses servitudes, persuadées par la raison, deviennent un libre consentement à son harmonie totale, il paraît qu'elle s'éveille à l'art qui la dépasse, la sculpture, et que sous son influence elle-même devienne une sculpture. Le constructeur du Parthénon l'a pensé en sculpteur, et déjà dans sa matière de marbre il y avait comme une passivité de sculpture. Ictinos voulut que son œuvre méritât cet hommage de Platon au corps du jeune Charmide : beau comme une statue.

Et ne le voulut-il pas, comme je l'ai dit des gothiques, très consciemment ? Phidias, Mnésiclès, Callicratès, Ictinos, se préoccupaient des plus délicates questions de technique, d'optique, et ils n'eussent pas été Athéniens s'ils n'en eussent discuté subtilement. Il s'écrivit alors des traités sur l'architecture,comme sur beaucoup de métiers, et nous pouvons à bon droit les supposer aussi précis, aussi nouris de pratique, de faits, de saines et prudentes théories que les traités techniques qui nous sont demeurés, ceux de la collection hippocratique et ceux de Xénophon. Ce que nous découvrons sur la beauté du Parthénon, à la lumière de l'histoire de l'art et de l'esthétique comparée, était probablement formulé avec précision dans le traité qu'Ictinos avait écrit sur son œuvre. Il y disait peut-être en propres termes que l'idéal de l'architecture était d'approcher de la statuaire, et que le Parthénon avait eu pour fin cette beauté d'une statue. En des termes comme ceux-ci, que j'emprunte à une œuvre sans doute fort semblable, le *Traité de la Sculpture* de Benvenuto Cellini : « Selon moi, tous les artistes qui, en vertu de la sculpture, s'entendront le mieux à faire un corps humain avec ses proportions et ses mesures, ceux-là seront en même temps les meilleurs architectes, pourvu toutefois qu'ils ne soient pas étrangers aux éléments constitutifs de cet art aussi noble que nécessaire. Et je suis amené à parler ainsi, non seulement à cause des rapports généraux qui existent entre les édifices et le corps humain, mais encore parce que les proportions des colonnes et des autres éléments architecturaux tirent leur origine des proportions du corps humain. Ainsi donc, je le répète, tous les artistes qui excelleront à faire une statue avec harmonie dans toutes ses mesures et ses parties, ceux-là, j'en suis certain, deviendront les plus habiles dans l'architecture. » Autour de cette idée s'était créé chez les architectes grecs le vocabulaire de leur métier, avec ses termes empruntés à la vie organique. Autour d'elle s'était constituée la théorie des ordres qui, dans le domaine de la création artistique, répond à ce même principe de corrélation, d'interdépendance et d'harmonie retrouvé par Cuvier dans le plan de la nature. Ce passage d'un art à un autre, de l'individu vivant au monument, de la sculpture à l'architecture, cette forme élargie et souple de ce qu'est pour Bacon la translation de l'expérience, fait un trait caractéristique de l'intelligence grecque. Les ingénieuses analogies, les métaphores, les tableaux plastiques transposés dans la poésie, sont les formes les plus frappantes de l'imagination homérique. La philosophie de Platon a, pour principe, des inductions géniales d'un ordre à un ordre, de la vie à la vie. Aussi, dès l'époque du Parthénon, les Grecs avaient-ils poussé loin cette esthétique générale qui range sous les mêmes lois les formes diverses de la beauté, et permet de conclure de l'une à l'autre, — tout ce qui aboutira chez Platon à la dialectique et à la hiérarchie du beau. Damon, le maître de Périclès, disait qu'on ne saurait toucher aux lois de la musique sans ébranler les bases de l'Etat.

Les proportions du temple dorique, et surtout du Parthénon octostyle, sont analogues à celles qu'établit dans le Doryphore Polyclète. Lorsque Lysippe, allongeant le corps, impose un canon nouveau, le dorique est en train de disparaître, et le canon de Lysippe est en concordance avec les styles qui vont absorber l'architecture, l'ionique et le corinthien.

C'est par l'esprit de la sculpture, rompant la loi de frontalité, que les Propylées échappent à la symétrie : nous avons vu en eux l'équivalent d'un hanchement, d'un *clinamen*. Les archéologues ont longtemps considéré comme vraisemblable que le déversement de beaucoup d'églises vers leur chevet figurait la tête du Christ inclinée sur la croix. M. de Lasteyrie semble avoir fait aujourd'hui justice de cette hypothèse qui avait séduit Viollet-le-Duc et M. Mâle. C'est pourtant à elle que j'ai souvent pensé au Parthénon, devant ce bombement du stylobate, qui n'a été expressément voulu qu'au péristyle, n'ayant à l'intérieur nulle raison d'être, mais qui, soit logique de l'architecte ou tassement des côtés, apparaît si nettement sur toute l'étendue horizontale du temple. Il puise son origine dans une observation délicate de certaine loi d'optique : mais je me plaisais à y voir comme un pendant païen du Christ architectural, une puissante poitrine d'athlète, incurvée dans l'acte d'amplement respirer, inclinée et mouvante dans l'ondulation de la florissante santé. J'imaginais l'architecte méditant l'art rival pour lui prendre son secret, comme un poète raffiné s'efforce de transposer dans son art les ressources de la peinture ou de la musique, le marbre apportant au temple, dans sa substance même, l'habitude de la vie, et dans ses veines l'affinité des jeunes corps. Seule une statue avait figuré jusqu'alors un être entier de marbre. La famille des Alcméonides avait acquis une gloire panhellénique en employant à Delphes le marbre dans la partie la plus visible du grand temple, et l'Alc-

méonide Périclès voulut alors dans sa propre cité sur-
passer les siens en ne demandant qu'au Pentélique les
pierres de son Parthénon, comme il ne demandait qu'au
travail libre les bras qui les dressaient. Aussi le temple
nouveau condensait-il toutes les plus expresses raisons
d'être pensé, exécuté comme une statue.

La membrure du dorique m'évoque toujours la page
célèbre de Cellini sur la sculpture et le corps humain.
Le temple dorique a été construit comme, par les sculpteurs péloponésiens, l'homme nu, avec une charpente
vigoureuse et des dessous solides. Des poutres d'architrave posées à plein sur le tailloir des chapiteaux ont
la beauté de substance et de fonction que reconnaît
magnifiquement à l'*os sacrum* Cellini. Mais chez les
Grecs, chez les Italiens, cette robustesse du dessin et de
la forme paraît émaner comme une exigence de la dense
et saine chair méditerranéenne. De même le temple
dorique avait avec le marbre un rapport secret, et dans
cette matière seule il pouvait mûrir sa parfaite beauté.

L'humanité que le Parthénon reçoit des mains, sur lui
largement posées, de la sculpture, ne descendait-elle pas
dans l'Acropole entière ? Ceux qui d'abord égalisèrent le
sol de cette table rocheuse, maniaient, comme sous
un pressentiment, le frère obscur du ciseau qui devait
creuser les cannelures des colonnes doriques et faire
flotter la procession des frises. L'Acropole, depuis ses
volutes de calcaire rose jusqu'à l'ordre de ses frontons
et la lance levée de la Promachos, était une montagne
sculptée et vivante. L'architecte qui offrait à Alexandre
de lui tailler une statue dans l'Athos, avec une ville
sur la main droite, eût exagéré monstrueusement, et
non créé, un certain art d'humaniser la nature.

Ainsi le Parthénon tient entre un commencement,
une racine de géométrie, et une fin, une fleur de sculp-

ture. La base de ses colonnes, comme la plante de ses pieds, l'assure au sol, et leur empreinte, prise pour module, le met dans un contact calme et pur avec l'éternelle géométrie. Cette géométrie s'épanouit en sculpture dans les métopes et le fronton ; mais quand, du fronton, les yeux redescendent sur le temple, quand le regard avec la lumière circule dans ses cannelures, partout il y retrouve les lignes d'une statue, et ces lignes d'une statue sont elles-mêmes à l'échelle d'une statue, d'un dieu dont tout les déclare silencieusement la demeure. Le module et l'échelle s'unissent alors, comme la géométrie et la vie, en un terme plus haut qui est la raison. Module, raison des quantités relatives : — pas de nombre qui soit arbitraire, qui n'existe en vertu d'une convenance et par le principe du meilleur. Echelle, raison des dimensions apparentes : — pas de grandeur qui ne soit accommodée à un être surhumain, et qui ne figure à l'homme le pas qu'il doit faire pour s'élever à la vie des dieux.

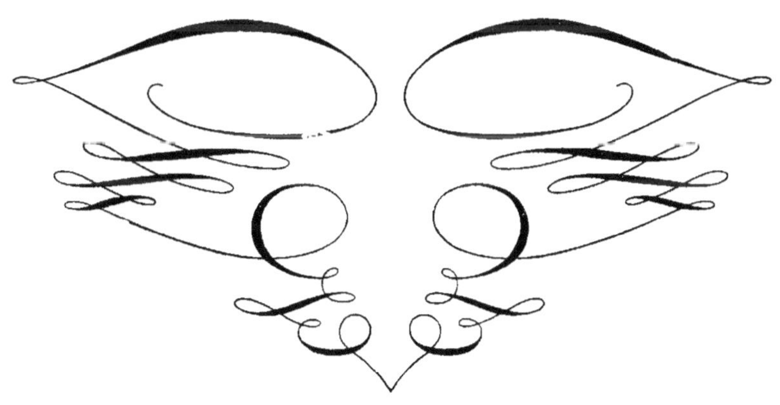

Copie du fronton ouest par le peintre de M. de Nointel

(Dispute d'Athena et de Poseidon)

Copie du Fronton est par le peintre de M. de Nointel
(Naissance d'Athena)

VIII

*La Statuaire
du Parthénon*

L'Acropole d'Athènes, plus encore que son architecture, ce sont les sculptures dispersées du Parthénon. Elles furent révélées à l'Europe quand Elgin les eût rapportées, et qu'elles furent devenues l'école du monde.

Les thalassocrates vénitiens ont fait sauter le Parthénon. Les thalassocrates britanniques en ont dépouillé le fronton. Mais de ce triangle rongé, il reste ceci : un front. Un front où a été pensé non seulement un ordre, mais l'ordre. Sous le regard studieux et la pensée agissante, il regagne et à nouveau exerce sa fonction, la page blanche s'anime.

L'ordre est pensé dans les limites du fronton triangulaire, dont les exigences peuvent se comparer à ce que sont pour Corneille et Racine les exigences des trois unités. Il faut inscrire une composition. D'une servitude, on tirera, selon la coutume de l'art, une beauté.

Les fouilles de l'Acropole nous ont heureusement

rendu en partie les frontons primitifs où l'ordre se chercha avant de se trouver, où l'on en obtint des substituts naïfs ou ingénieux. Le premier temple construit à cette place, l'Hekatompedon du temps de Solon, comportait deux frontons longs de dix mètres, en calcaire violemment peint : la lutte d'Heraklès et de Triton à l'ouest, Athéna, Zeus et Erechthée à l'ouest.

Ces frontons datent à peu près de la génération qui commença à placer (ou à plaquer) de la sculpture sur les frontons doriques d'abord nus. Leur enluminure joue un rôle analogue à celui du stuc à Olympie ou à Agrigente : elle a pour effet de dissimuler une mauvaise pierre percée de trous et semée de coquilles, dont la tendresse d'ailleurs donne toute facilité au sculpteur, praticien alors du travail sur bois. La couleur est donc d'abord un empâtement, à la fois nécessité de la matière et jouissance des yeux ingénus.

Du fronton Est, celui d'Athéna, nous avons des dieux assis et des queues de serpent. Au fronton Ouest, Heraklés lutte contre Tryphon devant un monstre à trois bustes terminés par une queue de serpent. Les replis tortueux de ces queues, disions-nous, ce fut la manière la plus commode de meubler les coins du fronton triangulaire, d'allier des êtres droits, hommes et dieux, qui occupaient le centre — *os sublime* — aux formes rampantes qui se dégradaient jusqu'à la dimension sans hauteur.

De petits temples, ou trésors, un peu antérieurs, donnaient le brouillon de ce procédé.

Voici, au musée de l'Acropole, un autre combat d'Héraklès, avec l'Hydre à la même queue complaisante. Au coin, on loge un crabe. Quand le temple archaïque sur antes fut enveloppé et transformé dans l'Hekatompedon des Pisistratides, et qu'un fronton de marbre eut été élevé en avant des antes du premier, sur une colonnade du nouveau périptère, le combat d'Athéna et des géants,

Athéna victorieuse, fronton archaïque de l'ancien Parthénon
(*Au Musée de l'Acropole*)

au front ouest, s'inscrivit plus simplement dans le cadre préfixe : les diverses attitudes du corps humain, de la verticale à l'horizontale, suffirent, comme à Olympie, à utiliser la forme triangulaire. Ce qui en subsiste au musée, autant qu'on en peut juger sur ces fragments, témoigne d'un art moins nerveux et moins original que celui d'Olympie. Peu importe ici. Du fronton de bois polychrôme au fronton de marbre, puis de celui-ci au fronton du Parthénon, il y a chaque fois une génération. Les trois générations forment les trois pas qui, sous couleur de meubler un triangle, parviennent à la conquête de l'ordre.

Des frontons du Parthénon de Périclès, nous avons les morceaux du British, du Louvre et de l'Acropole, parmi lesquels deux têtes seulement : celle de Thésée, et la tête de femme dite tête de Laborde, aujourd'hui au Louvre. Donc une tête d'homme, une tête de femme. Puis une douzaine de gros morceaux. Enfin une poussière de petits morceaux. Le tout doit nous servir pour penser l'ensemble. Il faut bien se garder de jeter les yeux sur la munichoise restauration de Furtwangler, par laquelle les rafistoleurs allemands se jouent de la crédulité publique. Nous n'avons qu'un document : les inestimables dessins que fit exécuter, en 1674, le marquis de Nointel, ambassadeur du roi, en visite sur l'Acropole, par un peintre flamand de sa suite.

Ils sont copiés à la flamande, sans doute, déversés dans le sens d'un pathétique conventionnel. Des têtes, une seule, celle de Poseidon, garde une expression phidienne : ce dieu des mers est bien le père du Zeus Olympien que nous révèle un buste de Boston.

Dans les deux frontons, il n'est resté en place que des morceaux d'angle. Du fronton Est, celui de la Naissance, à un angle les débris des chevaux du Soleil qui se lève, à un autre angle un des chevaux de la Lune qui se couche. La naissance d'Athéna est prise dans le rythme du jour

et dans les mouvements du ciel. Le lever du Soleil dans
le marbre du Parthénon, nous avons moins de raison
d'en regretter la mort, puisque Victor Hugo l'a refait dans
les vers du *Satyre*. Le même, j'imagine. Un miracle
comme celui du *Revenant* (« C'est moi : ne le dis pas ».)

On distinguait le bras du dieu qui les dirige.
Apollon achevait d'atteler le quadrige.
Les quatre ardents chevaux cabraient leur poitrail d'or
Faisant leurs premiers pas, ils se cabraient encor
Entre la zone obscure et la zone enflammée...

Juste dans l'angle du fronton, la place de ces premiers
pas. Comme elles sont loin, les queues de serpent naïves !
Nous arrivons à ce point que, par une révolution, tout
se passe comme si le triangle devenait une nécessité du
sujet, au lieu que le sujet fût une nécessité du triangle.
De la vie commence. Le jour se lève. De l'angle du
fronton quelque chose germe. Les fragments nous permettent de nous figurer exactement, sauf la tête, le
Soleil, dont le dos est encore dans les flots. Au cou et
aux bras les veines s'enflent. Deux trous dans la plinthe,
sous la main droite, servaient à des rênes de métal,
qui accrochaient ici et faisaient doré le premier rayon
de soleil. Car ce coin oriental est éclairé seulement au
matin : le lever du soleil dans le marbre est accordé au
lever du soleil sur la mer.

L'homme qui se lève devant le soleil et après lui,
pendant athénien et plastique à l'Adam de la Sixtine,
on l'appelle Thésée. Il n'y a guère plus de motifs de lui
enlever ce nom qu'il n'y en avait de le lui donner. De
l'Ilissus, qui tient la place correspondante sur le fronton ouest, Quatremère de Quincy écrivait, avec quelque
naïveté : « On croit que l'Ilissus va se lever, on croit qu'il
se lève, on s'étonne qu'il soit encore là. » Mais il est
exact que ces figures s'acquittent avec une plénitude

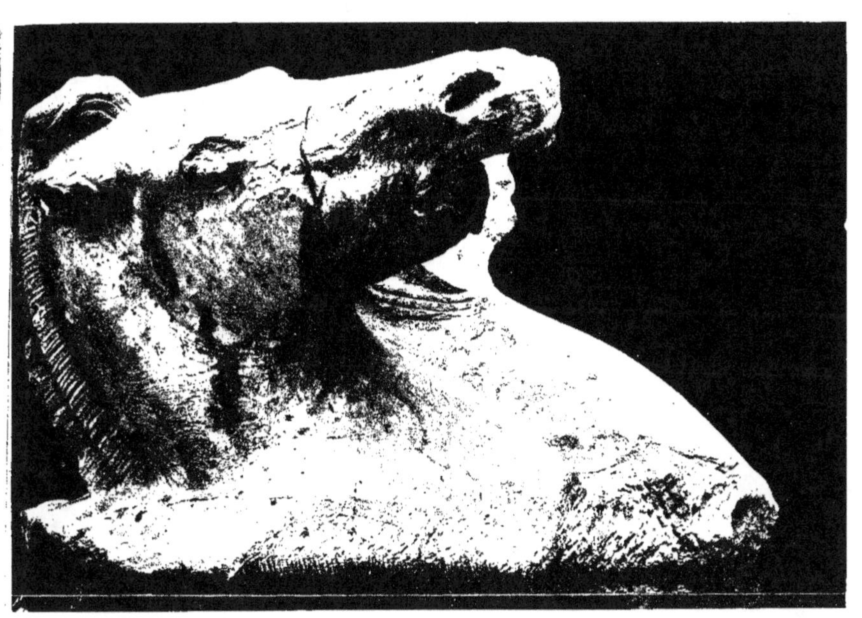

Les Chevaux du Soleil et le bras qui les dirige

singulière de leur fonction, qui est de transmettre le mouvement. Un double mouvement. Un mouvement architectural : il semble qu'elles desserrent l'espace du fronton et portent, au fur et à mesure qu'elles se lèvent, la ligne oblique vers l'acrotère. Un mouvement plastique : celui qui se transmet jusqu'à la scène pathétique du milieu, où il n'y a que des dieux, de grands dieux, levés dans une stature surhumaine.

Thésée s'éveille dans le matin, face au soleil qui monte. En même temps que naît Athéna, l'humanité ouvre les yeux à la pensée : cette naissance de l'esprit couché qui se lève de terre, conduit, comme un degré, par le rampant du fronton, vers la pensée divine qui, sans maternité et sans tâtonnement, formule comme une Idée sa figure haute et droite.

Il se lève, il s'éveille, comme le Parthénon, dont il est le signe humain, s'est éveillé l'autre matin. Les jambes qui s'écartent quittent à peine l'horizontale, mais le torse marque par ses trois plis, ses trois plans, la progression de l'attitude humaine et droite, du pli de la hanche, jusqu'à cette ampleur du pectoral qui révèle aux yeux la forme du poumon et la présence de l'outre saine gonflée par l'air glacé de l'aurore. Et au-dessus de l'épaule la tête calme n'est que de la vue. Voilà la statue de l'homme qui voit.

Il a fallu qu'il fût descendu de son fronton pour que l'on sût à quel point ce Thésée était fait pour ce fronton, pour être regardé d'en bas et de loin. Du côté autrefois caché au spectateur, et que l'esclavage aujourd'hui décèle, les lignes du corps sont ramassées, abrégées, tandis que de celui où la statue se voyait, la ligne se développe immensément, l'épaule prend une ampleur extraordinaire : elle s'étend démesurée comme le genou du Moïse de Michel-Ange, où l'on sent encore l'attaque furieuse du bloc par le ciseau. Autour de cette épaule tournait le regard du spectateur. Elle récélait une énergie qui préparait sans doute à celle que déployait au centre le marteau d'Héphaistos.

Les statues appelées Déméter, Coré, Iris seraient plutôt, selon Murray, les Heures. Aucune appellation ne se défend mieux que l'autre, mais mon goût irait à celle-ci. Les Heures, sous l'invocation desquelles j'avais mis d'abord ce livre, figuraient, chez les Grecs l'intelligence de la durée, le courant frais de la vie, et cette fleur qui, à un moment physique de jeunesse ou à un moment moral de grâce, ajoute à l'être la miette, la part, la fleur d'esprit divin. Leur place est exactement derrière l'homme qui s'éveille, et, selon la loi du fronton, selon la dialectique du temple, elles se succèdent comme le bouton, la fleur, le fruit. La première, calme comme le matin, ne voit pas encore. La seconde tend les bras, étonnée et sans voix, tandis que la troisième, surgissante, pleine d'élan et d'alacrité, se lève pour vivre à la vie nouvelle, annoncer que l'Intelligence est née.

Les divinités assises de droite, puisqu'il leur faut un nom, laissons leur celui de Parques. Comme l'autre côté du fronton Est était sous le signe du jour qui progresse. celui-ci vit sous le signe de la nuit qui décline. Ces trois Parques font pendant aux trois Heures. Entre les déesses ternaires, Parques, Heures, Grâces, pourquoi même choisir ? L'auteur des projets, Phidias très probablement, avait-il choisi ? Pausanias dit qu'au-dessus de la tête de Zeus, à Olympie, Phidias avait fait d'un côté les Grâces, de l'autre les Heures, au nombre de trois. Au sculpteur ce nombre importe, plus que ces noms. Il fallait au Parthénon des groupes de trois jeunes déesses dont les poses s'accordassent à la croissance et à la décroissance du fronton. C'était tout.

Gœthe, seul, nous fournirait leur vrai nom. Ce sont les Mères. A la grande époque du Ve siècle, la femme drapée fait pendant à l'homme nu, comme l'ionique au dorique. Mais sa féminité reste sévère, et celle d'une

Thésée

(British Museum)

grande déesse. Les seins, puissamment écartés, sont faits pour une maternité spirituelle et surhumaine. Leur écartement est à peu près égal à leur diamètre, et cette division tripartite, en élargissant la poitrine, développe une hyperbole de santé, de durée, de majesté. Elle devient, cette poitrine, la *cella* du corps humain. Mais peut-être le sculpteur voyait-il en ce parti-pris simplement une condition de la belle draperie. Sur les Parques, la coulée des draperies entre les seins participe de l'ampleur d'un fleuve dans une large vallée. Je songe aux Danseuses d'Herculanum, qui sont aussi de la belle époque, et entre les seins écartés desquelles les lignes du peplos prennent les formes souples de la vigne entre les ormeaux. *Vitibus jungere ulmos.* Pareillement, il y a au Parthénon un *Vestibus jungere mammas* : rejoindre les seins par les draperies, les associer en une même végétation plastique.

Mais il y a autre chose. L'écartement des deux seins les allie aux deux genoux comme supports de la draperie. Dans la profusion de ces plis liquides, les quatre repères mettent de l'ordre, de la sûreté, des piliers. Les genoux participent de la forme vivante, respirante et pensante des seins, et les seins prennent sous le regard une dureté plus marmoréenne qui les apparente à des rotules transfigurées. Effet sensible surtout dans les statues assises, où les genoux n'exercent pas leur fonction de mouvement.

A mesure qu'on passe d'une Parque à l'autre, les plis deviennent plus fouillés, plus raffinés, jusqu'à ce qu'ils ne paraissent, sur la Parque couchée, qu'une cristallisation transparente, un givre. Le lin se pose sans couvrir, le ventre et le sein s'exhalent plus vrais que s'ils étaient nus. En donnant aux plis une tranche saillante, on a réservé, bien mieux qu'au visiteur de leur cage britannique, tout ce détail arachnéen au spectateur athénien qui les voyait d'en bas. La lune dont le char s'enfonce paraît avoir laissé sur la Parque un vêtement de rayons, et ce

corps entre dans le sommeil qui l'enveloppe aussi purement qu'Aphrodite sortit nue du sel marin. Elle va
dormir, transmise du dehors au dedans, de la sculpture à
la musique et à la poésie, à Glück et à Valéry. Entre la
jeune Parque du Parthénon et celle du poème, plus
d'intervalle, plus de durée.

Ainsi, du côté nocturne, fait-elle pendant au Thésée
qui s'éveille. Ici le jeune homme nu qui se lève à demi
pour l'action, là-bas la dernière Parque étendue dans la
profusion des étoffes transparentes, horizon de montagnes
sous les vapeurs du soir.

Thésée se lève nu, en héros dorien. Les Parques elles, sont
de grandes Ioniennes. Par les draperies liquides, de l'une
à l'autre, descend le fleuve d'Héraclite. Il doit y avoir
là une des idées-mères de la composition artistique,
puisque Léonard l'a retrouvée dans la Sainte Anne.
Le fronton invitait l'art grec à cette expression relayée,
à cette transmission d'un flambeau de fête, que l'on reconnaît encore dans l'*Embarquement pour Cythère*.

Comme la Jeune Parque au Thésée, Sélènè répond à
Hélios. Le torse de Sélènè est resté à Athènes, au musée
de l'Acropole. C'est un fruit de Paros doré, la forme
humaine de la lune en son plein, dense comme elle, et
telle, que j'imagine que l'artiste, en dégageant du marbre
ces seins splendides gonflés d'un lait d'étoiles, pensait à
la légende de la Voie Lactée. Ce sein, plus abondant qu'aux
autres figures féminines du fronton, d'en bas il devait
paraître qu'il penchait comme la lune vers la mer, serein
et frais. Gonflé sous la douce draperie, il équilibre les
bras horizontaux et musculeux d'Hélios. Le jour et la
nuit pèsent en deux plateaux égaux.

*
* *

Tandis que le fronton oriental du Parthénon était
celui du ciel, le fronton occidental développait les vieilles
figures du sol attique, et, devant les divinités chtho-

Les Parques

(British Museum)

Torse de Séléné
(Musée d'Athènes)

niennes, la mise au concours du patronage athénien
entre Athéna et Poseidon. La scène du premier fronton
est dans le ciel, la scène du second dans l'Attique. Le
fronton du ciel, régulier et puissant, répond à un *ethos*,
le fronton de la terre, plus passionné et plus véhément,
à un *pathos*. Le fronton de l'Est développait une composition centrée, comme les frontons d'Olympie. Au contraire, le fronton de l'Ouest ouvre un hiatus au centre,
cette *aura* qui rejette, des deux côtés de l'olivier, Athéna
et Poseidon. On trouvera dans Michaelis les hypothèses
fragiles qui s'essayent à combler les vides des deux
centres. Il remarque judicieusement qu'au fronton Est
les colonnes correspondent à des points saillants de la
composition, tandis que le fronton Ouest ne nous offre pas
de correspondance analogue. La scène de la Dispute est à
la fois plus mouvementée que la scène de la Naissance,
plus indépendante de l'architecture, plus autonome. Dans
le fronton de la Naissance une partie des personnages
vivent pour eux-mêmes, ne sont occupés qu'à être, puissamment et naturellement. La Naissance a été si soudaine
que les coins du fronton ne sont pas encore informés, ainsi
qu'à la prise de Babylone. Hélios et Sélènè ne prennent
aucune part à la scène. Thésée s'éveille, et l'on peut supposer que la Jeune Parque s'endort. Au contraire, dans le
fronton Ouest, tous les personnages, depuis les fleuves des
coins, sont intéressés à la lutte, appartiennent au cortège
ou au parti de l'une des deux divinités ; le mouvement
part de chaque coin, et il circule ininterrompu ; la Terre
et la Mer regardent les dieux en lutte. Dans le fronton
Est, le mouvement vient du centre, et les deux figures de
messagères ont pour fonction de le propager. Dans le
fronton Ouest, les deux mouvements, du centre aux
angles et des angles au centre se croisent et se renfor-
cent. Ou plutôt tout le mouvement est alimenté par ce
foyer d'attitudes tendues, par cette divergence véhémente
d'Athéna et de Poseidon.

L'Ilissus, à l'angle nord-ouest, non seulement localise la scène en Attique, mais, dès que le Parthénon se dévoilait de la Voie Sacrée, il se saisissait du regard pour le conduire dans le mouvement même du fronton. Son modelé garde une liquidité fluviale. C'est le mouvement de l'eau autant que le mouvement du corps.

Le mouvement du corps commence avec le rôle du genou. Cécrops et Aglaure se lèvent, l'un sur un genou, l'autre sur deux. Cécrops d'étonnement dressait un bras, et Aglaure se rejetait vers son père dans un mouvement d'effroi. J'emploie ici le temps passé, bien que ce groupe soit le seul demeuré sur le Parthénon à la place où il fut élevé au Ve siècle. Mais l'expression, sinon le mouvement, est du passé. La perte des têtes est ici désastreuse, parce que nous ne pouvons plus nous représenter la façon dont l'artiste avait figuré par le visage ces émotions véhémentes. Ces têtes se retrouveront peut-être. On sait qu'elles existaient encore au commencement du XIXe siècle, que celle de Cécrops fut vendue à un Anglais et celle d'Aglaure apportée à Fauvel. Des treize têtes qu'il y avait encore au temps de M. de Nointel, deux subsistent, le Thésée et la tête Laborde, l'une et l'autre appartenant à des personnages calmes : l'expression des personnages passionnés était-elle identique ?

Ici commence la grande zone désertique, faite par Morosini. Mais les dessins Nointel nous permettent au moins de la peupler d'ombres. Entre Cécrops et le char d'Athéna, brisé en 1687, il y avait, après Aglaure, les deux sœurs d'Aglaure, et un adolescent nu, le jeune Erichtonios. Si on juge par le dessin, quel morceau ont détruit ici les Vénitiens ! Le garçon nu, retenu à demi par sa sœur assise, jaillit, de tout son corps élancé et tendu, dans un cri d'enthousiasme. Il est de la famille d'Athèna. Il salue la victoire de la divine Patronne, comme l'alouette salue le soleil, comme Sophocle, à quinze ans, salua Salamine. Ce motif de mouvement

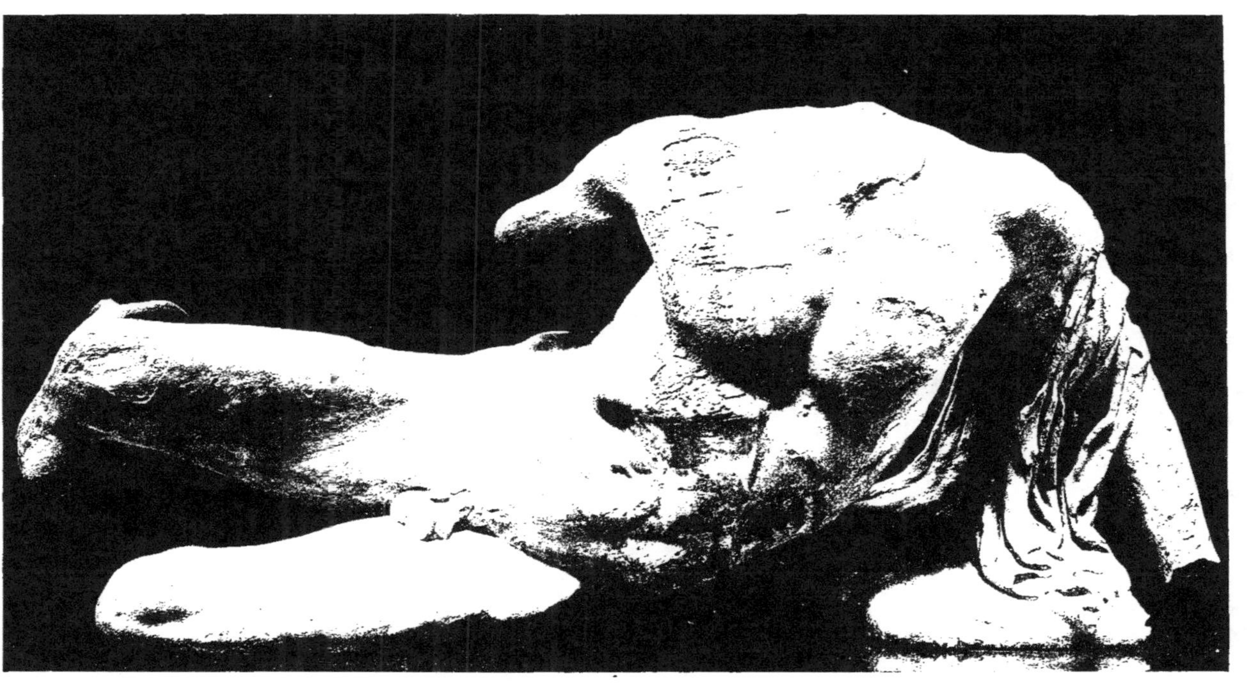

L'Ilissus
(British Museum)

rappelait un motif calme : le Triptolème du Musée entre les Grandes Déesses. Et l'un et l'autre tenaient au cœur de la sculpture du Ve siècle attique : un adolescent nu entre des femmes vêtues, les lignes du corps en harmonie avec les lignes des plis, les deux sexes de la sculpture.

Au centre, les dieux prétendants séparés par l'olivier. Tous deux ayant derrière eux leurs chevaux et leur char. C'était peut-être une imitation du fronton d'Olympie, où les chevaux, dit Murray « servent à isoler et à magnifier les protagonistes ». Le torse de Poseidon est partagé de façon pitoyable entre le British et l'Acropole. Il en reste au moins un morceau superbe : l'épaule gauche. Dans d'autres fragments on croit distinguer des morceaux de la poitrine d'Athéna, et même de la tête d'Athéna.

Le dessin Nointel, ici saisissant, et le torse de marbre, nous révèlent peut-être dans ce Poseidon le morceau capital du Parthénon pour l'histoire de la statuaire, la figure à laquelle aboutit ce personnage type des frontons d'Egine et d'Olympie : le dieu nu et combattant. Il s'opposait à la figure féminine drapée. Mais la sculpture dorienne n'avait rien réalisé de plus hardi que cette rupture radicale de la frontalité, cette jambe tendue dans l'effort démesuré (démesure qui, sur cette terre d'Athéna, fait de lui le vaincu) dont le torse gonflé et vibrant nous conserve le foyer.

Du cortège marin, féminin, ionien, de Poseidon, auquel appartenait la tête Laborde, il nous est resté le torse d'Amphitrite. Mais, autant que celle d'Erichtonios, est déplorable la perte de la figure nue qu'on a appelée Aphrodite. Elle nous aurait fait voir comment l'école de Phidias comprenait et rendait une femme nue. A côté d'elle, il y avait la jambe nue d'Amphitrite. Ce nu féminin d'Aphrodite gardait-il la fraîcheur marine, comme l'Erichtonios la sécheresse et l'élan nerveux de la terre ? Ainsi que les deux frontons opposaient la Terre et le Ciel, les deux moitiés du fronton ouest opposaient la terre et la mer, l'Athènes d'Aristide et l'Athènes de Thémistocle. A quel détail intelligent ne devaient pas descendre les rythmes de ces compositions balancées !

La draperie d'Amphitrite était fendue sur le haut de la jambe gauche, nue. L'origine du motif est lointaine : il faut le voir dans la représentation du mouvement aérien (on le trouve déjà dans la très vieille Victoire de Pœonios). Mais, aussi, voyons-la dans le mouvement marin : la proue écarte la vague comme une jambe qui s'avance écarte le vêtement.

Est-ce donc Aphrodite sur le dessin Nointel, cette figure nue tenue, comme la fille de Sainte Anne, sur les genoux de sa mère et dont le corps, tout frais de la mer originelle contrastait avec les draperies abondantes où il était assis ? Aphrodite sortant des eaux, et la draperie, devenue l'hiéroglyphe plastique de l'eau, faisant pendant à l'adolescent nu du cortège terrestre, et, sur le fronton ouest, la jeune Vénus, fille de l'onde amère, à la Jeune Parque qui se repose pareillement sur une aînée. Des motifs simples, infiniment variés et féconds. Pourquoi les musiciens, qui exploitent si indiscrétement les œuvres littéraires, ne reprennent-ils pas leur bien à la sculpture ? Les deux frontons du Parthénon reconstitués par l'orchestre d'un disciple de Beethoven ne tentent-ils personne ?

* *
*

Les quinze métopes les moins endommagées, soit une partie de celles du sud, qui représentent les combats des Centaures et les Lapithes, sont à Londres, sauf une à Paris, que rapporta Choiseul-Gouffier ; quarante-deux, fort mutilées, sont demeurées en place. Les quarante-quatre autres (il y en avait quatre-vingt-douze) ont disparu dans l'explosion de 1687. Mais presque toutes ont été dessinées, avant le désastre, beaucoup plus exactement que les frontons, par le peintre de M. de Nointel.

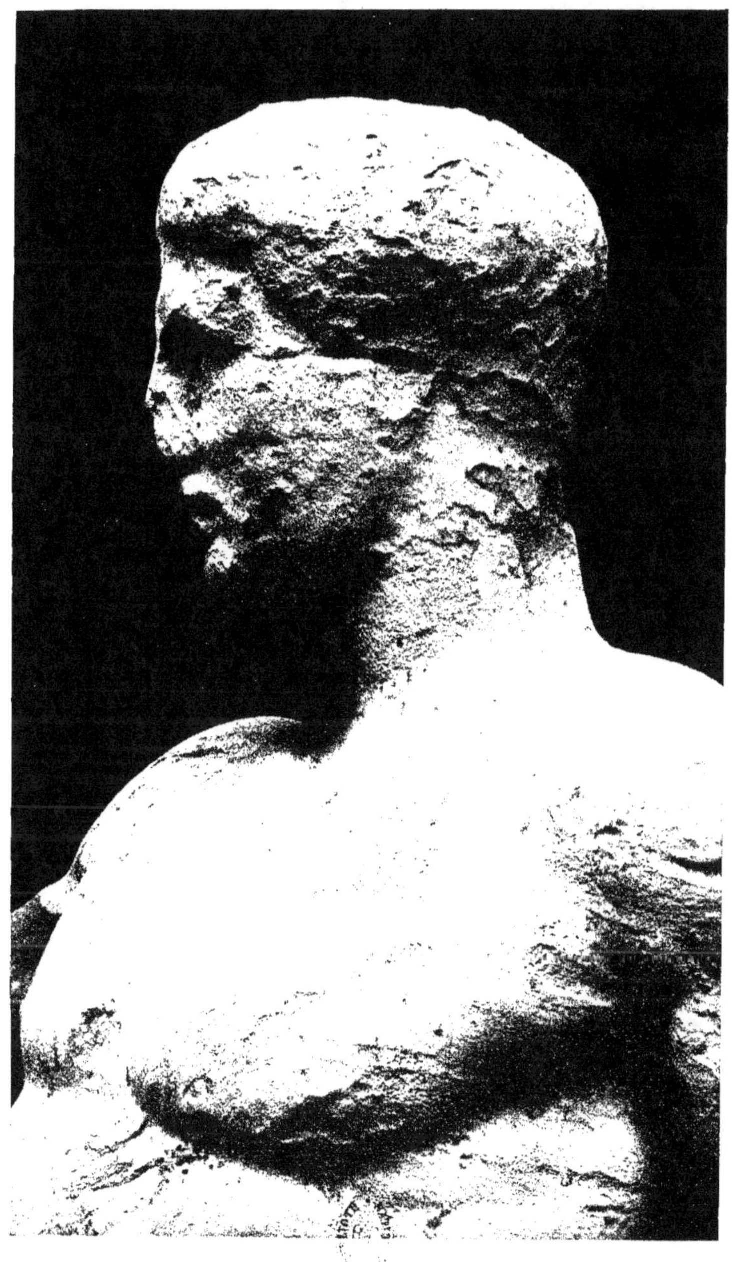

La seule tête d'Homme qui subsiste du fronton
(British Museum)

La seule tête de Femme qui subsiste du fronton
(Musée du Louvre)

On ne saurait les comparer aux frontons. Elles sont même loin de valoir les admirables métopes de la cella d'Olympie, lesquelles ont dû influer non seulement sur les métopes du Parthénon, mais encore sur les deux frontons. Le Poseidon du fronton ouest n'a-t-il pas pu procéder de l'Héraklès au taureau, d'Olympie ? D'ailleurs, tandis que les métopes d'Olympie sont traitées par sujets séparés, celles d'Athènes forment une scène continue, beau membre d'architecture par l'alternance des rectangles de frise et de triglyphes, mais de sculpture rapide et monotone.

On est frappé de l'inégalité de ces métopes. Il y a là, pêle-mêle, des chefs-d'œuvre, et aussi du travail courant de marbriers. Dans les métopes du Sud les scènes calmes du milieu, les tableaux d'hymen étaient plus soignés que les monotones combats. Si l'on en juge par les dessins Nointel, celles qui furent détruites ont dû être les plus variées et les plus belles, avec leurs combinaisons de figures nues et de figures drapées.

Millet admirait peu de peintres, et il n'avait guère le goût de l'antique. Cependant, il possédait dans son atelier les moulages des métopes du Parthénon. Il y reconnaissait sa construction, la simplicité du parti, la noblesse rustique du relief.

*
* *

Les métopes ont à lutter contre la lumière directe du soleil : de là le haut relief. La frise de la cella, qui n'est éclairée que par la lumière diffuse, et qui, appliquée à un mur, ne doit pas le surplomber visiblement, est traitée en bas-relief. Son marbre chaud flottait comme une huile. Elle comble sans poids la plénitude sculpturale du Parthénon, comme la feuille de rose sur la coupe de Zadig.

Elle diffère profondément de tout le reste de la sculpture parthénonienne. Avec sa continuité de film sur les quatre faces de la cella, elle forme ou formait un documentaire de cent soixante mètres sur un mètre de hauteur, qui représentait la procession des grandes Panathénées. Tous les quatre ans, les Athéniens portaient une nouvelle pièce d'étoffe, tissée par les jeunes Porteuses de rosée, pour habiller la patronne d'Athènes, l'Athéna Polias de l'Erechtheion. Deux files, parties de l'angle sud-ouest couraient des deux côtés du monument pour se rejoindre au-dessus de la porte d'entrée. Elles représentaient, dans sa fleur épanouie, toute la vie athénienne, citoyens et métèques, jeunes gens et vieillards, cavaliers et cortège des animaux menés au sacrifice. Ceux-ci même, a-t-on remarqué, suivent sans contrainte la procession, guidés par des enfants, dont la main seule est posée sur eux. Athènes s'est exprimée là dans sa détente et sa lumière.

C'est à la frise de l'entrée, sous le fronton de la Naissance, que l'ordonnateur — peut-être Phidias — a donné ses soins particuliers. Elle forme un tout. Aux deux angles, des hérauts appellent la suite du cortège : vraiment une suite, un ensemble décoratif, animé et flottant. On imagine que Phidias, après des dessins précis pour les figures du pronaos et des premières plaques en retour sur les deux côtés, ait dit : « Pour le reste, vous remplirez avec des cavaliers ! » Et ces cavaliers font plus des trois quarts de la procession. Faut-il voir là quelque intention politique, quelque flatterie pour une classe influente, rappeler les *Cavaliers* d'Aristophane ? Ce n'est pas impossible. Mais n'y avait-il pas des raisons d'artiste ? La frise, mal visible, devait frapper par un effet d'ensemble. Le défilé des cavaliers donnait, pour envelopper la cella, une souplesse de motif continu. Et le Parthénon avec les chevaux d'Athéna et de Poseidon au fronton ouest, avec les centaures des métopes et les cavaliers de la frise, héroïsait de tous les côtés le motif du

Métope (Centaure et Lapithe)

Frise : Assemblée des Dieux et Taureaux du Sacrifice

Frise en place du Parthénon

cheval. D'ailleurs la monotonie de ce défilé contraste singulièrement avec la variété de types et d'attitudes qui diversifie dans les métopes le groupe répété du Centaure et du Lapithe : la frise, traitée en masse, invitait à la continuité, et les métopes, traitées en tableaux, à la différence.

Certains morceaux peuvent être retenus comme des chefs-d'œuvre, au-dessus même des plus belles métopes. La fluidité du dessin et l'intelligence de l'invention sont portés au plus haut point dans les jeunes métèques hydrophores. Le poids de l'eau est visible dans leur attitude, comme, à l'Erechtheion, celui de l'entablement dans les lignes fléchies des Cariatides. Regardez, du premier au troisième, l'effort qui porte gagner en souplesse et en facilité, la tension se détendre en aisance. Le premier tient l'hydrie sur l'épaule, d'une main par l'anse, de l'autre par le socle. Le deuxième la tient par l'anse, et ne fait que poser deux doigts sur la panse. Le dernier ne la tient que par l'anse, d'une façon naturelle et facile, et il a laissé retomber l'autre main dans son manteau. Même gradation dans les trois bras qu'occupent les trois anses : les biceps du premier sont visibles et gonflés, ceux du deuxième le sont bien moins, ceux du troisième ne se voient plus, il n'y a plus que la ligne simple, souple, douce d'un beau bras.

Le chef-d'œuvre est, sur les plaques de Londres qui occupaient le mur de la cella, l'assemblée des dieux présents à la procession, aux places d'honneur, parmi leur peuple ami, comme Homère les montre en visite chez les sages Ethiopiens. Derrière eux, dix personnages, qui ne se relient pas au défilé, figurent probablement les éponymes des dix tribus attiques. Pour être complète, il ne faut pas que la procession se déroule sans spectateurs, et, puisqu'elle comprend tout le peuple d'Athènes, les spectateurs ce sont les dieux, au repos, dans leur bonheur, et, devant l'humanité qui coule, figurés par ces actes d'intelligence : contempler et converser. Devant leur *Sacra Conversazione*, les réminiscences des dialogues platoniciens se lèvent. Il faudrait les avoir sous les yeux en lisant, dans le premier livre de la *République*, l'entretien dans la maison de Céphale dit Pindare : « Hommes et Dieux, nous sommes d'une même race : et d'une même mère nous tenons le souffle. » C'est sous cette respiration unique, humaine et divine, qu'ondule ici sur les quatre faces du temple ce voile de marbre.

De la plupart des dieux, les têtes ont beaucoup souffert, et pour les identifier il faut recourir aux dessins soignés de Stuart, venu ici une génération avant Elgin. Tous ces dessins demeurent d'ailleurs troublants : le peintre de Nointel transforme facilement un éphèbe en femme, et Stuart fait de Déméter un homme avec une barbe. Devant ces déformations ne songeons cependant qu'à faire notre examen de conscience. Tout livre sur l'Acropole mutilée, à commencer par celui-ci, doit contenir des erreurs de ce genre. Est-ce une raison pour ne rien tenter ? Apprenons des Grecs eux-mêmes à doser dans une procession vivante la solidité du certain la fluidité du probable, les vapeurs dorées de l'imaginaire.

*
* *

Cette statuaire de marbre n'était que l'enveloppe de la statue d'ivoire, œuvre propre de Phidias. L'Athéna Parthenos continuait et transfigurait dans l'Athènes panhellénique l'Athéna Polias en bois de l'Erechtheion, avec cette garde-robe compliquée à laquelle les Panathénées ajoutaient chaque année un peplos. Mais ici, la robe d'or, les pierreries, les armes et le bouclier d'or faisaient un vêtement et un trésor dignes d'un dieu immortel.

Le temple n'était éclairé que par la porte plus ou moins ouverte. Son état normal était l'obscurité. Le colosse divin (il mesurait avec sa base quinze mètres de haut)

Frise du Parthénon (Jeunes métèques porteurs d'eau)

luttait contre l'obscurité par l'or et les pierreries, comme les haut-reliefs des métopes luttaient contre la lumière du soleil. C'était un édifice dans l'édifice. Il était couvert de sujets mythologiques. Il ruisselait de l'histoire des dieux. Le bouclier représentait un combat aussi plein que celui du fronton, et Phidias s'y était représenté sous la forme d'un homme chauve, dont une copie au musée de Madrid nous garde encore la silhouette. Sur le piédestal, il avait figuré, en vingt tableaux, la naissance de vingt divinités. C'était comme un terreau de germination divine, où le colosse plongeait ses racines. Sur les semelles, d'autres sujets étaient ciselés. Le casque était une châsse. La Victoire que la déesse tenait dans sa main était une statue de grandeur naturelle. Rien dans la statuaire moderne ou dans l'architecture chrétienne ne saurait nous donner une idée, même approchante, de ce phénomène.

L'ivoire, sorte de marbre animal, est aux tissus du corps ce que le marbre est aux minéraux. Il en conserve pour l'œil l'élasticité et la vie, cependant que son grain serré lui donne dureté et durée. Ou il se compare au marbre comme la perle au diamant : plus organique, plus muable, gagnant en moelleux ce qu'elle perd en solidité et en permanence. L'Athéna d'ivoire, au Parthénon, devait être non seulement régénérée comme une perle, mais arrosée comme une fleur. On répandait de l'eau autour, à cause de la sécheresse de ce sol rocheux, tandis que le Zeus d'Olympie, placé dans une vallée humide, était entouré d'huile résineuse. Il fallait surveiller ces édifices d'ivoire comme on surveille et entretient une église gothique. Damophon, quand le Zeus menaça ruine, en fut le Viollet-le-Duc.

S'il faut croire la tradition, Phidias eût préféré le marbre à l'ivoire, parce qu'il était non seulement moins coûteux, mais plus stable, et, patiné à la cire, de ton aussi chaud. Les Athéniens en décidèrent autrement, pour cette raison sans doute que les grandes statues d'ivoire étaient alors à la mode, une mode qui ne dura pas. L'idée d'un colosse de marbre polychrôme, couvert d'ornements d'or, fut réalisée, avec la collaboration peut-être de Phidias, à Rhamnonte, dans la Némésis de son élève Agoracrite.

Des copies réduites nous permettent de nous représenter l'Athena Parthenos beaucoup mieux que nous ne nous figurons le Zeus d'Olympie. Mais, comme tout à l'heure pour le Soleil levant, est-ce que cette lacune ne fut pas voulue par la destinée pour laisser tout le champ au poète français qui recréa Dieu ?

Lucien compare certains personnages aux colosses chryséléphantins de Phidias, magnifiques à l'extérieur, mais qui, creux à l'intérieur, ne contiennent que du vide, de la poussière, des toiles d'araignées. Le passage dut tomber un jour sous les yeux de Victor Hugo, qui le lut, n'y pensa plus, laissa tomber cela au fond de sa mémoire, et puis, dans des matinées de printemps, les plus gonflées de génie chthonien qu'il ait probablement vécues, écrivit, à Guernesey, le *Satyre*. Alors l'image de Lucien, accrochée par d'autres images, remonta, et fut ceci, ce Jupiter hugolien :

> *Il méditait, avec Thémis dans sa poitrine,*
> *Calme, et si patient que les sœurs d'Arachné,*
> *Entre le froid conseil de Minerve émané,*
> *Et l'ordre redoutable attendu par Mercure*
> *Filaient leur toile au fond de sa pensée obscure.*

Quelle copie ! Les toiles d'araignées de Lucien sont portées au point où atteint le chien, animal aboyant, quand il devient le Chien, constellation céleste. Hugo a vu, de l'œil géant, le dedans de Zeus à travers Lucien, et son dehors à travers la description traditionnelle : un dieu assis, calme, pensant, la Victoire dans sa main.

Statue d'après l'Athena d'ivoire

(Musée de Madrid)

Statue d'après l'Athéna d'ivoire
(Musée de Madrid)

Une déesse dans une paume tendue, comme l'oiseau apprivoisé qui becquette au creux d'une main, le poème ni le lecteur, évidemment, ne l'accepteront. Mais, chez Hugo comme chez Phidias, il faut au Dieu puissant sa divinité familière, réduite, logeant dans une partie de son corps, comme Bacchus fut dans sa cuisse, Minerve dans sa tête. De là le premier vers. Thémis, la Justice armée de la grande patience, la durée, la stabilité, les balances de la pensée équilibrée et de l'action raisonnée.

L'araignée du railleur est illuminée et divinisée par le rayonnement de la Thémis intérieure. Le monde profond du poète peuple, solidifie, achève le monde extérieur du statuaire. Hugo, ou l'inconscient de Hugo, pensait-il à cette transfiguration quand il écrivait cet autre poème où, avec une araignée faite par le diable, Dieu fait, lui, un Soleil ?

Œuvre de Dieu, cycle saisonnier de la nature et de l'art ! Du Zeus de Phidias au Zeus de Lucien, du Zeus de Lucien au Jupiter de Hugo, il y a le passage de Pascal à Voltaire, puis de Voltaire à Chateaubriand. Lucien et Voltaire, Gœthe les nomme Méphisto. Mistral les appellerait le diable porte-pierre.

La destruction porte sa pierre, la destruction d'Elgin, de Morosini, comme la destruction de Lucien. L'Acropole a comblé par de la pensée les brèches de ses marbres. Les colonnes et les entrecolonnements, les pleins et les vides, la matière subsistante et l'espace aujourd'hui nu, se supposent, s'appellent, et l'un par l'autre s'accroissent. Rien ne s'y perd et tout s'y crée.

IX

L'Idée de Dorique

Ce matin, vers quatre heures, des ouvriers, pour poser, sous ma fenêtre, un rail, s'étaient mis à l'ouvrage. Les coups de marteau sur le fer, d'abord ne m'éveillèrent pas : mais chacun, entrant dans mon sommeil sans le rompre, y suscitait ces vierges doriennes de bronze qui sont au musée de Naples, les *Danseuses d'Herculanum,* inspirées de modèles péloponésiens qui figuraient une suite de porteuses d'eau. L'une après l'autre, du son clair, naissait : une coulée bruissante de métal la fondait, un indivisible instant la levait dans son chaste et droit vêtement, légèrement comme une bulle, durablement comme une déesse. Ma dernière minute de rêve se défit dans leur chœur et leur chœur se défit avec elle. Mais d'avoir été ce rêve, elles conservaient sous mes yeux ouverts toute la fleur de leur vérité. La pureté fraîche du réveil restait lavée sous leurs urnes d'aube. Mes premières pensées du jour étaient belles et pleines comme elles. Les cinq jeunes filles ne s'étaient pas dissipées encore que déjà, comme la déesse reconnue par Ulysse au moment même où la forme qu'elle avait revêtue s'évanouit, elles m'étaient devenues les transparents symboles de la terre attique. Non autrement un Athénien voyait Pallas naître d'un coup sous le marteau du Forgeron et monter, intelligence claire de Zeus, dans ses armes retentissantes. Chaque effort du travail, chaque labeur du fer n'a-t-il pas fait, ici, lever, sous une figure humaine, la justesse d'une idée, enveloppée de poésie ? Comme les cloches dispersent dans l'air les paroles sur elles épelées, les rêves sur elles égrenés, ainsi, dans une rue d'Athènes, au ras de terre, un rail, sous un songe du matin, m'est devenu le sillon d'Eleusis où l'épi d'immortalité croissait.

Je suis descendu, dans l'aube, et sachant qu'en bas les jeunes filles, nées de la terre, attendaient. L'Acropole blanchissait : ne l'avaient-elles point, comme les Phéaciennes qui baignent Ulysse, cette nuit, lavée de lune ? L'Acropole sortait de l'ombre, et prête pour la pensée, et déjà la déesse invisible qui répand sur la tête d'Ulysse l'ambroisie de jeunesse dont le parfum pénétrera Nausicaa, Athéna, préparait la lumière matinale qui, sur le temple en débris versée, fait qu'il rayonne d'intelligence et persuade comme la rosée se pose.

Première touche de feu que met, sur une montagne, une aurore d'Athènes, et clef chantante d'un jour où, dans d'inépuisables heures, des idées s'ordonneront et du marbre nous parlera ! Autour de l'Acropole déserte, j'attendais en marchant dans l'herbe humide, en buvant cet air de source, que le soleil fût levé, les portes ouvertes. Ses ceintures de calcaire rose donnaient à la colline humaine l'inflexion de l'horizon rougissant, et, tournant autour d'elle, les eussé-je voulu dénouer, ni, autrement que par le silence, toucher à cette beauté secrète encore, opulente de promesses ? Puis j'entendais la grille tour-

L'Acropole et le Lycabette

ner, dont je retrouve dans mon cœur, aujourd'hui, le bruit clair, qui me désignait les trois premières heures, au moins, du jour, toutes solitaires, dans la demeure de la pensée, et la terre sous le regard comme une sphère de cristal.

Je suis monté vers les Propylées, à mesure que le soleil les investissait. Leurs ailes sont dorées, et chaudes d'une calme patine : mais, au centre, ainsi que la chair dans les parties vêtues du corps, le marbre est demeuré blanc, touffe ionique de lis qu'une margelle d'or presse. Laissant au sol cette floraison douce, la grande porte des Propylées franchie, alors la Voie Sacrée, le chemin de pierre rosée, ruisselle de lumière fraîche, comme ces rochers arrondis de montagne, que voile une eau souple, glissante, sans épaisseur ni bruit. Elle s'élève, la Voie, par les nappes d'herbe verte et les stries d'ombre bleue, sous cette ligne, dirait-on, de peupliers que mettent près d'elle les fines colonnes, encore dans l'ombre, de l'Erechtheion. L'Acropole se paillette de chants d'oiseaux, et, de la brume matinale, sort Athènes, d'une brume qui s'effiloche à petits coups, presque arrachée, lambeau à lambeau, par le chant des coqs. Les tuiles brunes des toits sont vaporisées par la lumière oblique, et les façades blanches ensoleillées éclatent seules, toiles sur un pré, devant les jeunes blés d'avril. A l'Occident, par delà Corinthe, les hautes neiges du Péloponèse resplendissent, bombent, et vont, dans la lumière matinale, vers Athènes, avancer, comme, vers Léda, parmi les lauriers roses, le cygne divin de l'Eurotas. A l'Orient, l'Hymette n'était que cendre insubstantielle et pâle ; mais le soleil, à mesure qu'il monte et devient fort, ainsi qu'un pouce de sculpteur, le modèle et le précise ; ses ravins se creusent, sa musculature s'accuse, et son échine d'âne saille.

C'est l'heure où le Parthénon se dévoile. Le roc est taillé en degrés qui livrent aux yeux la pierre native de l'Acropole, dans son épaisseur nourrie, alternée de rose vif et de violet frais, sous les fondations déchaussées de pierre et le soubassement triple de marbre. Voici la face occidentale du temple, celle par laquelle aujourd'hui nous l'abordons, lui transportant malgré nous une orientation chrétienne. Les colonnes et le fronton demeurent en une ombre pâlement bleue, qui se souvient de la nuit encore ; les cannelures presque s'y effacent, et leurs arêtes, comme un troupeau regagne ses bergeries, paraissent rentrer dans la masse du fût, s'incorporer plus étroitement au marbre, et converger mystérieusement vers son cœur. Si je quittais le banc où je suis assis et que les mauves enfouissent, si j'allais, des mains, toucher ces huit colonnes, que je les sentirais froides, jeunes corps aux pieds nus qui trempent comme en un sousbois dans ce stylobate humide et ce calcaire couleur de bruyère ! Mais elles ne font qu'un rideau de lianes, et voyez... Par delà leur façade d'ombre, par le grand pavé découvert, par le vide de blessures et d'espace, et la source du feu demeurant, derrière la paroi, invisible, la lumière est partout fleurissante, et vit. Le soleil est suspendu dans le temple ouvert, comme dans l'albâtre la flamme dissimulée d'une lampe ; il s'insinue dans ses veines et lui donne un sang de clarté ; toutes ses nuances d'or et de rosissant lichen viennent, au marbre, comme les couleurs sur un beau visage, d'une circulation intérieure, et d'un cœur que l'on connaît à son rayonnement. Elle se répand, la souveraine lumière, sur tout le mur du secos, elle le trempe en un bain d'ambre, et, derrière les colonnes obscures, elle le fait transparent comme ces stalactites élargies dont vous avez cru voir, au plafond d'une grotte, devant le flambeau qui les anime, trembler la diaphane draperie.

Alors ce qui est demeuré en place de la frise sculptée, tout le bandeau de l'Ouest, flotte sur l'architrave intérieure comme l'huile, incorrompue encore, des Panathénées. Elle ne voit pas le soleil et le soleil ne la touche

Angle nord-ouest du Parthenon, avec le groupe en place de Cécrops et Aglaure

pas ; mais, autour de la procession légère, palpite l'essence de la lumière diffuse, aussi délicate et discrète que les reliefs eux-mêmes. Les adolescents nus sortent du marbre comme d'une eau, fleurissent dans la poudroyante clarté. Leur cortège s'avance comme au matin se développent, dans une intelligence, le groupe des pensées limpides, neuves et retrempées de nuit. Elles montent sur leurs chevaux qui s'ébrouent, et cet éphèbe qui passe sa chlamyde a les lignes de la dernière et de la plus juste, arrêtée au moment où son corps solide va s'habiller de langage décent... Pensée intérieure, flexible, qui se déroule dans le silence, et dont le relief apparaît à peine, comme la méditation sur le front de cette jeune tête archaïque, qui donne, au Musée, son nom à la salle de l'Ephèbe.

Le soleil, au moment où il apparaît par le coin du fronton brisé, semble, comme un char sur la carrière, rayer de sa roue le marbre d'or, et faire dans ses rayons voler la poussière pentélique. Du péristyle nous allons au cœur du Parthénon, sur le spacieux pavé qui n'est que lucidité, là où le temple, fendu en deux par l'explosion comme le crâne de Zeus par la hache d'Hephaistos, élargi, comblé d'espace, ne figure plus que la demeure de l'intelligence. Tout s'y nourrit de lumière ainsi qu'un dieu d'ambroisie. On songe à une flamme si pure qu'elle devient sans objet et se contente glorieusement d'elle-même. Sur cette mort du Parthénon je médite une fois encore le conseil du dieu : « Socrate, adonne-toi à la musique... Convoque à ton chevet de mort une Muse... » J'ai vu dans le matin le Parthénon livré aux puissances de la musique. Sa matière de marbre était pleine de chants d'oiseaux qui battaient comme son artère, et lui-même, par sa réflexion intérieure, était, en même temps que de lumière pour les yeux, de pensée pour la pensée. Lumière et pensée sans cesse grandissantes, qui avaient fini par déborder le péristyle, envahir la façade,

et que maintenant, sur le fronton, Aglaure en se levant
désignait à Cécrops qui vers elle se tournait. Un or neuf
rajeunissait l'or ancien des colonnes, et l'on dénombrait
les siècles de soleil qu'elles avaient ainsi, jour par jour,
dans leur porosité patiente, incorporés à leur marbre.
Encore une couche allait descendre, impondérable, parmi
la clarté qu'elles condensaient... L'autel de Zeus à Olympie était exhaussé par la cendre qui s'accumulait des
victimes ; mais, le temple de l'intelligence, il fallait qu'il
fût façonné par la poudre d'or lentement déposée des
jours, et que, pensé par l'homme, il fût, dans les mêmes
lignes, par la lumière, repensé.

N'ai-je pas, ce matin, à la main, l'épi mystique qui,
par le prêtre éleusinien levé seulement et silencieusement,
résumait l'initiation ? Les marbres, sous l'été des âges,
en ont pris la teinte blonde, et peut-être, malgré l'outrage qui les mutila, malgré la chute des grains qui rend
l'épi léger, à cette heure élève-t-il sa forme la plus vraie.
Les Athéniens ont ensemencé le blé. Ils l'ont connu dans
sa belle nouveauté, dans la pourpre de ses coquelicots,
les jeunes yeux de ses bleuets, les chœurs de moissonneurs, le passage sonore des chariots pleins. Mais, nous,
qui ne tenons aux mains qu'un épi de la récolte, lui
donnons un sens plus recueilli, plus sacré, un sens fait
de la solitude et du vide qui l'entourent, comme les
livres de la Sibylle qui devenaient plus précieux à mesure
que leur nombre décroissait.

Du Parthénon n'aimons pas la ruine, mais le droit,
qu'il nous apporte, de la nier. Voyez à la ruine chrétienne
la nature tout de suite s'allier, et se tenir, chargée de
fleurs, à côté des pierres qui tombent, attentive à les
conduire vers une nouvelle beauté. Je me souviens
d'églises effondrées, à Saint-Werner, à Jumièges : la
présence des courbes, la pierre affinée, fouillée, appellent
l'abondance végétale comme une sœur aînée, et quand
celle-ci les a recouvertes, ce sont deux branches de la

même famille qui sont réunies pour donner à la maison plus de joie. Aux deux flancs du Parthénon les colonnes et les architraves brisées jonchent la terre parmi les fleurs printanières et les ondulantes herbes ; mais il n'est rien en elles de cette beauté qui s'abandonne, de cette ruine attendrie par laquelle un monument défait épouse comme une eau les formes de la nature où il s'est répandu. Leurs lignes droites, leurs figures de raison, les cercles vigoureux qui lient au fût l'échine des colonnes, tout cet appareil de géométrie vivante est d'un autre ordre que le lit de fleurs où il est couché ; il n'en peut être consolé ni apaisé. Il n'est pas d'une beauté romantique qui s'assouplirait selon la ruine, mais d'une beauté intelligente que la ruine, comme une erreur qui prévaut, a brisée, que l'intelligence seule relève. Ces couches de brique par lesquelles on a misérablement redressé une colonne dorique, comme le savetier du *Lys Rouge* remplace par une allumette la patte cassée de son moineau, ne sont pas laides, mais émouvantes, et je les accepte. Quiconque essaye, avec de l'histoire ou de la géométrie, un texte ou un mètre à la main, de le recomposer et de le comprendre, quiconque se refuse à ne voir en lui que le cœur des couchants sur les montagnes violettes, refait, autant qu'il le doit, la pureté solide du Parthénon, la probité mâle du dorique. Qu'importe que l'intelligence soit reconnue défectueuse, si elle est candide, si, pour être rectifiée elle s'en remet à une intelligence plus lucide ?

Peut-être, le jour même où le Parthénon fut achevé, sa vérité et sa beauté firent-elles au moins comme l'invisible geste de se détacher de lui et de revenir à l'esprit ordonnateur dont elles étaient nées. Phidias, alors, était en exil, et lui, le maître d'œuvre, comme nous aujourd'hui ne voyait le Parthénon vivant que dans sa pensée. Le temple avait disparu pour ses yeux de chair, ruiné par l'injustice de l'exil. Le temple vivait, cependant, et il suffisait à Phidias, comme à nous, d'évoquer l'épaule du Thésée ou la draperie de la jeune Parque, pour que le Parthénon, comme un cristal recomposé dans l'eau-mère, revînt habiter entier son Acropole intérieure.

Tout ici condamne la maxime de Kant : « Le beau est ce qui plaît sans concept. » La beauté du Parthénon est d'éclairer par une joie sensible un pur concept, de nous montrer en marbre une idée d'ordre, écrite. De son rocher jaillit une source d'idées claires, et sa vasque n'est que miroir limpide où la sensibilité s'ordonne, ou l'intellection confuse se décante.

Ce matin, devant le Parthénon, j'oublierai même le Parthénon, et je sais que je le reconnaîtrai seulement après l'avoir oublié : « Le chemin vrai pour aller à l'amour ou pour s'y laisser conduire, dit Platon, c'est de commencer par les beautés de ce monde, de s'élever d'elles à la beauté suprême, en passant par des degrés, en allant d'un beau corps à deux, de là à tous les beaux corps, des beaux corps aux belles actions, des belles actions aux belles connaissances, jusqu'à ce que de ces connaissances on parvienne à la connaissance suprême, qui n'est autre chose que celle de ce beau lui-même, et qu'on le connaisse tel qu'il est, lui, le Beau. » Ce qui d'éclatant nous séduit dans la clarté de Grèce et dans les lignes de la terre attique, ce qui pénètre en nous d'ivresse par cet air de fluide miel, tout le détail de beauté qui peut, comme des formes d'amour, occuper nos mains, et ce Parthénon ruiné qui palpite lumineusement sous mes yeux, et ce Parthénon inviolé qui me demeure présent à l'âme, sont autant de routes montantes qui mènent ici une pensée équilibrée vers l'Idée du temple dorique. Toute ardeur peu à peu se dépose, et l'âme, comme une fleur la nuit, se referme pour éprouver en elle, dans son mouvement et sa continuité, l'acte intelligent qui la purifie.

L'Idée du dorique fut atteinte, elle l'est encore, comme on montait à l'Acropole, par un chemin vivant, non inflexible ni sans détour, par un regard juste et rapide, par une main instruite à palper, à évaluer des formes. Les sens ont des raisons que la raison ne connaît pas, mais où bientôt, souriante un peu, harmonisée, elle se reconnaît, nous la reconnaissons.

*
* *

Les formes doriques ont leur origine dans un édifice de bois, dans les nécessités de la construction en bois. Les Grecs déjà l'avaient parfaitement reconnu, ou peut-être ne l'avaient jamais oublié, et cette théorie du temple, codifiée par Vitruve, devait remonter assez haut. Elle a été mal contestée, et l'on est à peu près d'accord pour en admettre le principe. Un problème alors se pose. Nous savons que généralement un style architectural est déterminé, en partie au moins, par la nature des matériaux employés à la construction, que les traits de l'architecture égyptienne sont dus à l'abondance de calcaires et de granits fournis par la vallée du Nil, que la bâtisse de briques réalise des édifices immenses et couverts d'éclatantes couleurs, que les caractères de l'architecture au moyen-âge ont une de leurs causes capitales dans l'emploi du petit appareil, et que la diversité des écoles y est liée à celle des régions géologiques. Et cependant le temple dorique, qui passe pour le plus parfait des monuments humains, a gardé toutes les formes d'une matière qu'il n'employait plus. Est-ce là un exemple en art de ces survivances, habituelles à la vie sociale, particulièrement dans l'ordre religieux, et vers lesquelles le temple grec serait penché dès le principe par son génie conservateur ? Peut-être ; mais si cette survivance s'est maintenue, c'est dans la mesure où elle répondait à une loi de la beauté, où elle se confondait avec une logique.

Nous ne connaissons pas le temple dorique de bois qui forme la transition du mégaron mycénien au temple dorique de pierre. On sait pourtant que le vieux temple d'Hera, à Olympie, était un temple de bois auquel ne manquait aucun élément du type dorique, pas même ceux qu'il a acquis en dernier, le péristyle et le fronton. Les plus anciens édifices de pierre ont dû être faits de calcaire tendre, très abondant en Grèce et en Sicile. Comme cela se passa, parfois au moins, pour la sculpture, les formes du bois se transmirent naturellement à la pierre tendre, traitée d'abord avec les mêmes outils. Mais tandis que la sculpture sur pierre, en possession du marbre, ne gardait plus aucune trace de la servitude qui l'avait d'abord associée à la technique du bois, on dirait que le marbre est venu confirmer l'architecture dans ses raisons de conserver les formes de bois, et, bien plus, de les aimer.

D'une belle pièce de bois à une belle pièce de pierre, surtout à un beau morceau de marbre, il y a comme une continuité logique. Le bois, une fois taillé, séché, tend vers la pierre comme vers sa limite et sa perfection. C'est d'ailleurs de ce côté que le mûrissent la nature et la durée : l'évolution du temple ne fait que condenser et qu'idéaliser cette suite de siècles qui a pénétré de silice et fait de roc les bois, dans le désert égyptien, des forêts pétrifiées. La densité, la solidité, la permanence, sont les caractères que l'on recherche dans le bois ; l'œil complaisamment les retrouve, intenses et définitifs, ramassés dans le marbre.

De sorte que, peut-être, pour un Grec, le temple dorique de pierre tirait une beauté de cette évidence même avec laquelle persistaient sur lui les formes du bois, de ces architraves qui paraissaient des poutres, de ces triglyphes qui gardaient dans le marbre comme la tranche fraîche de la scie, de ces gouttes et mutules qui contrefaisaient si exactement des chevilles. Cette beauté, voici un texte de Schopenhauer qui me paraît nous aider à la comprendre :

« La joie que nous éprouvons à la contemplation

d'une œuvre d'architecture serait subitement et singulièrement amoindrie, si nous venions à découvrir qu'elle est bâtie en pierre ponce : elle se réduirait pour nous à une apparence d'édifice. Nous ne serions guère moins désappointés en apprenant qu'elle est construite en simple bois, alors que nous la supposions construite en pierre... Supposons enfin qu'on nous dise que cet édifice dont la vue nous réjouit n'est nullement en pierre, qu'il est fait avec des matériaux de pesanteur et de consistance tout à fait différentes, bien qu'il soit impossible à l'œil de les distinguer d'avec de la pierre : aussitôt tout l'édifice perdra son charme. » C'est une remarque fort juste. Schopenhauer l'explique par sa théorie esthétique des Idées : l'architecture représente esthétiquement les Idées des qualités les plus générales de la matière, densité, résistance, cohésion ; notre plaisir esthétique disparaît quand nous découvrons que l'œuvre ne les réalise pas. Et cette construction métaphysique nous importe ici fort peu. Mais le temple dorique nous permet de compléter, et peut-être de mieux comprendre que Schopenhauer, son observation. Le temple dorique présente, ou présentait à l'œil instruit et subtil d'un Grec, des formes qui suggéraient l'idée du bois, et que l'on voyait immédiatement représentées en une matière plus dure, ce qui était l'inverse du cas signalé par Schopenhauer, et ce qui produisait aussi l'effet inverse, c'est-à-dire un sentiment esthétique de confiance et de sécurité. Le monument paraissait ainsi, comme sous un voile imperceptible de modestie et de bon goût, pareil à une tragédie racinienne, donner plus qu'il ne promettait.

En d'autres termes, si un édifice qui avait l'apparence de la pierre se révèle, à l'examen, construit en bois, notre désagrément esthétique aura une raison toute psychologique, et bien plus simple que celle alléguée par Schopenhauer. Nous passons brusquement de la perception du plus à celle du moins, d'une perception plus parfaite à

une perception moins parfaite. La perception visuelle
reste la même, mais sous elle la perception tactile s'écroule.
Il y a donc dans notre perception diminution d'être, et
nous rentrons dans la définition spinoziste de la tristesse :
« le passage de l'homme d'une plus grande à une moindre
perfection ». Mais un édifice où les formes du bois apparaissent dans la pierre dure est exactement le contraire
d'un édifice bâti en pierre ponce, et l'effet, et la cause de
cet effet, pareillement contraires. La perception du moins
est juste assez indiquée pour qu'en l'imaginant l'œil
éprouve le plaisir qui accompagne le passage de cette
perception à celle du plus. La perception visuelle ne
change pas, mais sous elle la perception tactile gagne du
corps et de la chair, des formes encore plus jeunes et plus
fermes. Il y a dans la perception augmentation d'être,
et la définition spinoziste de la joie prend tout son sens :
« le passage de l'homme d'une moindre à une plus grande
perfection ».

Aussi maintenir dans l'architecture de pierre les formes
du bois fut-il, pour les gothiques comme pour les Grecs,
une de ces délicatesses architecturales dont nous sommes
devenus bien incapables. Les damiers sous les sablières,
que l'on peut voir par exemple au bahut de Notre-Dame,
font un équivalent exact aux chevilles conservées dans
les gouttes et mutules du temple. Un membre de la décoration gothique qui prend à la fin du XIIIe siècle une
importance capitale, le gâble, et qui est vraiment l'âme
de feu des façades à Vendôme et à Reims, a son origine
dans certaines charpentes provisoires, qui disparais-
saient après la construction, et auxquelles on trouva
d'élégance assez pour les garder. Dans le chef-d'œuvre
inachevé du gothique savant, à Saint-Urbain de Troyes,
l'architecte, en un pays de matériaux médiocres, avait
à sa disposition cette belle pierre de Tonnerre qui vaut
le marbre. Or précisément Viollet-le-Duc lui reproche
un peu des combinaisons qui paraissent plutôt de char-

pente que de maçonnerie. C'est la perfection même de la pierre qui conduit à la traiter comme du bois, et il n'est pas de terme qui me paraisse plus magnifiquement définir le Parthénon que celui-ci : une charpente de marbre.

Je ne sais même si à cette présence manifeste du bois n'est pas liée par quelque secret la souplesse du temple dorique, ses colonnes flexibles, ses lignes penchées, la courbe de son pavé. Une maison de bois, par le jeu naturel de sa matière, déraidit ses formes, prend un aspect élestique et vivant. C'est une joie délicate, à Constantinople, de voir, aux maisons de bois, des formes individuelles, comme celles des saules et des oliviers, et si différentes des cubes morts et rigides qu'alignent nos rues de pierre.

Cette tendance du bois au marbre nous rend ainsi sensibles, dès le contact même du temple, le passage de la matière à la forme, qui explique le temple tout entier. Dans la forme qu'est ici le marbre, la matière du bois demeure présente comme la cire sous le miel. Et je me demande si l'analogie qui donne au mot hylè ces deux sens de bois et, philosophiquement, de matière, n'a pas son origine dans ce même ordre de sensations et d'idées qui achemine du bois au marbre et le temple et le regard sur le temple. Toujours est-il que, dans la texture même du Parthénon, vit un mouvement, un passage, et que le seul fait, pour l'œil, d'en connaître la substance matérielle implique déjà une activité, un raisonnement, une conclusion.

*
* *

Si le soubassement du temple paraît proportionné au pas surhumain d'un dieu, sa raison première n'est point de faire des degrés pour un pas. Un temple grec est d'abord une « théorie », destinée à satisfaire l'esprit par le canal du plus noble sens, la vue. Le soubassement à trois degrés figure surtout le piédestal de cette statue architecturale qu'est le temple, un piédestal humanisé déjà. Voyez une église chrétienne. Elle est enracinée dans la terre : d'abord par les maisons qui l'entourent et la pressent, comme les feuilles tombées de la saison, amoncelées au pied d'un arbre et peu à peu dissoutes, en nourrissent et en rafraîchissent les racines ; — puis par la crypte, qui voudrait l'enfoncer d'autant plus bas que ses clochers l'élancent davantage vers le ciel. L'église, qui existe dans les hommes et par les hommes, puise en eux, à pleines racines, l'élan de son cœur et de son front. Au contraire, le soubassement du temple, tout en faisant ses racines visibles, leur commande l'acte qui lève une surface encore de la terre, mais idéalisée. Il existe sur les hommes et pour les dieux, et pour les hommes en tant que la vue les fait participer à la beauté, qui est la vie des dieux.

Aire de contact entre l'Acropole et le temple, le soubassement nous montre clairement que l'Acropole, égalisée, taillée, remblayée au-dessus d'Athènes, par la main de l'homme, était un temple en puissance, et que le temple est l'Acropole en acte. Le bombement du stylobate, première de ces corrections optiques qui sont, dans le temple grec, le secret de la vie, a pour but, on le sait, de corriger l'illusion visuelle qui montre déprimée en son milieu une longue ligne droite. Mais il semble, au Parthénon, que le génie du lieu ait enrichi, par un surcroît de convenances, la justesse de cette convenance. Les lignes du stylobate deviennent celles d'une robuste et respirante poitrine humaine. Et surtout, si vous regardez le Parthénon dans sa dimension longue, vous sentez cette courbure du temple donnée déjà dans celle de la colline, elle-même incurvée et bombée. L'assise de réglage ne fait pas violence au sol, ne se juxtapose pas rigidement à lui, comme une main à plat. Mais elle l'occupe comme une main vivante, épouse ainsi que la règle de plomb le contour du rocher qu'elle reproduit en creux. Le rocher ne supporte pas le Parthénon, il paraît l'accepter librement, et, comme Socrate voulait qu'on reçût la vérité, par une persuasion douce de toute l'âme. Je ne veux pas dire que la courbure du temple suive fidèlement celle du plateau ; mais elle la rappelle, elle la drape, comme une étoffe qui s'harmonise mieux au corps quand elle conserve une souplesse et une indépendance que lorsqu'elle moule exactement.

Cette courbure forme si bien une liaison du monument au rocher que les degrés taillés dans le calcaire, qui montent de l'enceinte d'Athéna Erganè, et qui précédent le soubassement, comportent aussi des courbures. Ainsi le temple se trouve préparé visiblement dans la colline. Mais ici un raffinement nouveau intervient. Le sommet de ces courbures est fortement en retrait, du côté gauche, sur le sommet des courbures du temple. Raison : l'optique propre à l'itinéraire de la Voie Sacrée. La première vue du Parthénon, quand on venait des Propylées, était une vue d'angle, qui le montrait dans toute sa grandeur en développant ensemble la fuite de sa colonnade latérale et de sa colonnade frontale. Cette déviation, ce clinamen dans la courbure des degrés taillés, tendait à faire pivoter le temple sur son angle nord-ouest ; il semblait que par elle il esquissât un imperceptible pas, se portât de lui-même (comme le faisait aussi la sculpture de son fronton) vers le premier regard qui découvrait sa masse.

La simple raison de correction optique n'expliquerait le bombement qu'au cas où l'on ne verrait pas le bombement, ou, où la sensation serait celle de lignes droites. Il est vraiment étrange que la correction, si visible, sur le terrain, ait échappé, jusqu'à Penrose et Pennethorne, et malgré les textes de Vitruve, à ceux qui regardaient le Parthénon. C'est sans doute que même l'œil le plus exercé ne voit guère que ce qu'il s'attend à voir ; une impression présente est surtout une occasion de grouper des sensations anciennes, ou de rappeler des idées passées, qui cristallisent autour de ce noyau. Pas besoin d'évoquer Laura Bridgmann ni l'opération sur les aveugles-nés pour savoir que la vue est habitude. Nous voyons les courbures, comme les Grecs les voyaient, parce que nous savons qu'elles existent. Pennethorne et Penrose n'en crurent pas leurs yeux, mais leurs mesures. Et si nous apercevons maintenant si bien ce bombement, c'est aussi que nos yeux transforment en vision claire ce que notre intelligence leur fournit. Mais que la vue et l'intelligence soient mêlées ici de si indiscernable manière, ce n'est, au Parthénon, qu'une harmonie, une vérité de plus.

Les courbures étant faites pour être vues, ou connues, je crois que leur raison essentielle, c'est une idée de mouvement. Elles nous montrent le temple dès sa racine, dès son pavé, dans l'acte qui le détache insensiblement du sol, qui le pousse vers le haut. Elles mettent en lui une sorte de tension organique, une poussée, venue de l'intérieur comme une respiration, et qui semble équilibrer la pesée verticale et le poids de la matière. Au temple d'Athéna Nikè, trop petit pour que la courbure y fût introduite, voyez comme le soubassement s'est tassé, creusé, sous le poids de la cella. C'est à cette défaite, à ce fléchissement, à ce faix inévitable du temps, que le temple dorique oppose son élasticité ; c'est pour les prévenir qu'il bombe, dans un acte de robuste et durable jeunesse, par son pavé blanc, une poitrine de marbre. La courbure du stylobate est transmise fidèlement par les colonnes à l'architrave, (et dans l'ancien Parthénon, qui fut interrompu après les fondations et les tambours du péristyle, les colonnes à cette courbure se disposaient avec autant de perfection que nous en trouvons dans le nouveau). Par là le stylobate prépare le fronton, le sommet de la courbure l'acrotère. Un sein légèrement se soulève de désir ; une forme vivante à la base annonce une forme pensante au sommet. La courbure prend sympathiquement le regard du spectateur, le fait germer comme une graine, en gonfle pour qu'elle s'anime la matière du temple. Voir, c'est insinuer ici, dans les veines du marbre, le mouvement de notre intelligence active.

Cette courbure appartient à l'ordre de la vie, non à l'ordre de la géométrie, de la symétrie. Aussi garde-t-elle l'irrégularité, le modelé de la vie. Des deux côtés le renflement du stylobate n'est pas égal, la flèche ne passe pas par le milieu. Nulle part on ne découvre un calcul mathématique, mais la délicatesse de l'œil s'est exercée librement, comme, sur l'argile, le pouce du sculpteur.

** * **

Si le diamètre inférieur de la colonne sert discrètement de module au temple, c'est que la colonne est au temple ce que l'homme est au monde, — un microcosme. Il n'est pas un élément, ni une beauté du temple, qui ne se retrouve expressément dans une partie ou un détail de la colonne, — et pourtant la colonne dorique n'existe pas en elle-même, mais seulement dans la fidélité qu'elle met à s'acquitter de sa tâche, à porter.

L'esthéticien allemand Lipps remarque que la colonne répond à trois fonctions : celle de solidité, qui l'enracine ; celle de mouvement, qui l'élève ; celle de support, qui lui donne sa charge. La première appartient à la base, la deuxième au fût, la troisième au chapiteau.

Or, dans la colonne dorique, la base étant supprimée, les deux premières fonctions se trouvent confondues. Et cela nous explique, je crois, tout le temple dorique. Cette base jaillissante en fournit non seulement le module, mais la clef. La solidité n'existe pas en elle-même, comme une force de résistance passive ; mais dès le début elle est incorporée à un mouvement, elle est action. Là il faut voir le principe de la concordance fondamentale entre le dorique et le gothique. Le stylobate déjà, par son bombement, était action, et cette action la colonne immédiatement la reprend et la continue.

Cette colonne qui n'est jamais solidité nue, mais mouvement dès son contact avec le stylobate, à plus forte raison est-elle mouvement dans son fût. L'idée de mouvement, ici, se décompose en deux idées : celle d'élasticité représentée par le galbe, celle d'ascension exprimée par les cannelures.

Le plus grand diamètre de la colonne est naturellement à sa base. Cette base n'étant pas figurée par un membre distinct, elle l'est par une dimension. Ce fort empattement répond à toute l'exigence visuelle de solidité. En principe, le diamètre devrait aller en diminuant de la base au sommet, et cela se voit en effet au grand temple de Pœstum. Mais cette disposition donne à la colonne un aspect tendu, pressé et passif qui n'est pas dans la logique du temple. En ralentissant un peu la décroissance vers le milieu de la colonne, on la modèle selon un galbe. Et, sauf dans quelques temples archaïques comme la « basilique » de Pœstum, ce galbe est plutôt indiqué qu'exprimé. On ne le reconnaît pas assez pour le désigner clairement, pour arrêter le regard sur lui — le but alors serait dépassé, — mais la sensation, quoique légère, est assez sûre pour investir la colonne d'une élasticité et d'une souplesse, d'un hanchement ou d'un clinamen. Là, comme dans le stylobate, il semble que le galbe appartienne plutôt à la nature de l'œil qu'à la nature de la colonne, et la vie, qui est un impondérable, y paraît d'autant plus délicate et réelle qu'elle est moins marquée. La colonne ainsi se desserre et s'humanise. Je songe au chameau agenouillé que l'on charge d'abord un peu au delà de ce qu'il doit porter, parce qu'il refuse toujours de se lever avant qu'on lui ait ôté, si peu que ce soit, quelque chose de son fardeau. Il est certain que ces quelques livres de moins ne l'allègent pas, et ne lui

Colonnes du Parthénon

laissent qu'une satisfaction, si je puis dire, morale. Et
c'est cela même, sans doute, qu'il lui faut, une preuve
que son maître l'entend, l'admet à discuter sa charge, lui
cède en ce qui est raisonnable. Il éprouve ce même
impondérable qui le fait, selon lui, sortir de l'obéissance
passive. On tirerait de là un beau symbole politique, et
la philosophie d'un régime parlementaire, mais j'en
reste à ma colonne : il ne faut rien plus, pour l'investir
de cette libre élasticité, qu'un tout impalpable démai-
grissement.

Les cannelures sont la figure même du mouvement.
Elles font vingt colonnes dans la colonne. Tandis que
la solidité se manifeste par un effet de masse, le mouvement s'exprime par un effet de division, de multiplicité,
de ruissellement. Dans l'église gothique, qui est le type de
l'édifice en mouvement, les supports sont effilés, ame-
nuisés, monnayés en une infinité de colonnettes. La
raison des cannelures vient de même source. Elles sont
répandues autour de la colonne comme son âme visible,
comme l'idée intelligente et libre de son ascension. Mais,
pour qu'elles subsistent dans toute la délicatesse de cette
idée pure, dans leur seule fonction de mouvement en
hauteur, cette partie spirituelle de la colonne est libérée
de l'effort matériel. Les arêtes, qui sont vives, ne portent
pas le poids du chapiteau, ne risquent pas d'éclater sous
lui ; — du moins sur elles ce poids est-il très allégé et,
grâce à un évidement, rejeté vers le centre de la colonne.
De même que les cannelures fluidifient la colonne, les
jeux de lumière et d'ombre fluidifient les cannelures. Le
fût est enveloppé d'une draperie vivante.

Le chapiteau s'acquitte de son rôle de support avec le
même élan, la même surabondance aisée, que la colonne
de sa fonction de mouvement. Il raccorde deux membres
contraires, le fût circulaire et vertical, l'architrave rectangulaire et horizontale. Il les raccorde en les dépas-
sant l'un et l'autre, et nulle part on ne voit mieux cette

franchise de parti et cette simplicité puissante d'effet qui sont le propre du dorique. L'échine répond à un élargissement du fût au moment où il va saisir, pour le porter, l'entablement ; mais, conformément à la logique intérieure du dorique, il n'est pas élargi, il s'élargit ; sa dimension nouvelle est donnée non comme un état, mais comme un mouvement, — un mouvement qui, des temples archaïques aux temples du Ve siècle et au Parthénon, passe d'une courbe très accentuée à une tension presque droite, comme si la hâte ici, de la colonne, à porter, contrastait avec la nonchalance un peu libre que lui laissait, au milieu du fût, son galbe. Cette tension est indiquée comme un mouvement de matière non seulement par la forme de l'échine, mais par les ligatures des annelets qui, la pressant, la font impérieusement jaillir. A tous points de vue, le moment supérieur de la colonne correspond au « coup de collier ». Comme l'échine outrepasse le fût, le tailloir outrepasse l'architrave. Nous sommes au point de force de la colonne, à l'endroit où elle saille toute comme une épaule de guerrier, où, en s'achevant dans sa fonction propre de support, elle se déclare dans sa plénitude et sa netteté. La colonne n'avait d'autre base que le stylobate ; ce tailloir élargi, débordant, c'est le stylobate discontinu où repose, où commence, un ordre nouveau, l'entablement.

La colonne dorique est toute grecque. A l'époque où elle se constitue, il n'existe que deux types organisés de colonne : la colonne égyptienne à forme végétale, et la colonne orientale à double volute, celle dont les Grecs tirèrent leur colonne ionique. La colonne dorique nous livre l'idée entière et claire déjà du dorique ; mais l'ordre et l'intelligence qu'elle révèle ne nous deviennent patents que si nous la comparons aux types étrangers.

La colonne égyptienne fleurit par nature, et porte par occasion. Suivez de haut en bas aussi bien la colonne lotiforme que la colonne papyriforme, votre regard n'épousera pas un rythme de support, il passera d'un membre à l'autre comme au long d'un végétal, par transitions discontinues. Au point de vue décoratif c'est très gracieux. Mais les membres de la colonne, au lieu de se développer par l'unité d'un plan organique, sont, avec un sens merveilleux de l'effet décoratif, raccordés en un composé imaginaire, comme le sont dans l'art plastique les membres de face et les membres de profil, ou cette tête animale sur un corps humain dont se compose un dieu. La colonne égyptienne est le produit d'une logique par juxtaposition, (comme la logique des Sémites), la colonne grecque le fruit d'une logique grecque par enchaînement rationnel.

Rien de plus naturel d'ailleurs. La colonne égyptienne est toujours placée à l'intérieur d'une enceinte. Tandis que les colonnes grecques enveloppent le mur, les colonnes égyptiennes sont enveloppées par un mur. La première signifie de loin et en pleine lumière une idée, la seconde émeut de près, parle aux sens. La première rayonne dans l'espace et pour tous, la seconde est rétractée dans une atmosphère orientale de défiance, de mystère, d'obscurité, de parfums. Je sais bien que les Grecs assouplissent leurs colonnades aux sombres intérieurs de leurs temples, et que les Egyptiens en entourent à l'intérieur de leurs enceintes les grandes cours découvertes (encore y préfèrent-ils le pilier). Il n'en est pas moins exact que, par leur nature et par leur logique, la colonne grecque aboutit à un péristyle, la colonne égyptienne à un hypostyle.

Une exception le confirme simplement. Dans la Grèce du Ve et du IVe siècle il n'existait qu'une grande salle hypostyle. Elle était même sur le territoire d'Athènes et les plans en avaient probablement été fournis par l'architecte du Parthénon, Ictinos. C'était le grand Télestérion d'Eleusis. Or cette salle hypostyle abritait des mystères que l'on croit venus d'Egypte. Et il est vraiment curieux que les colonnes doriques qui en supportaient le plafond fussent à leur façon des Isis-Démèter : elles ont en effet des bases, ce qui est un exemple unique, et l'on sait que la colonne égyptienne ne se passe jamais de base.

Aussi le Parthénon de l'architecture égyptienne est-il naturellement un hypostyle : la grande salle de Karnak. On n'en comprend, je crois, la beauté, que si on l'oppose avec une pleine franchise à la beauté dorique. Ces colonnes ne sont pas traitées comme des supports, mais comme une végétation. Legrain croyait la salle hypostyle née d'une idée mystique familière tant aux Egyptiens qu'aux Syriens, celle des jardins d'Adonis, dessins que l'on traçait avec des grains de blé semés dans une caisse de terre, que la verdure une fois née reproduisait dans une sorte d'ondulation vivante, et qui étaient liés aux idées de mort et de résurrection. La salle hypostyle avec ses cent vingt-deux colonnes-plantes à boutons fermés et son allée médiane de douze colonnes-plantes à fleur ouverte serait le jardin gigantesque, de pierre et d'éternité, qui convient au dieu Amon. J'ai songé à une autre hypothèse. La reine Hatasou dans son temple de Deir-el-Bahari, son frère Thoutmès III dans son temple de Thèbes, ont fait reproduire sur les murs des plantes étrangères que leurs expéditions avaient rapportées. Ramsès III s'est fait construire à Médinet-Habou un pavillon qui reproduit la forme des forteresses syriennes conquises par ses armes. Un mur extérieur de la salle hypostyle nous montre Séti 1er dans les forêts du Liban. On peut alors se demander si la salle hypostyle n'était pas, elle aussi, un monument des victoires syriennes remportées par ses constructeurs, les Séti et les Ramsès. L'Egypte, qui n'avait que ses bois grêles de palmiers et ses sycomores isolés, ne connaissait pas la forêt. Le Liban, pays des cèdres énormes, des forêts colossales et touffues, de tout ce qui manquait tant aux besoins qu'aux plaisirs de l'Egypte, fut, depuis les Thoutmès jusqu'à Méhémet-Ali, dès qu'elle se sentit un peu de vigueur, le but constant de son expansion. Or les Pharaons, frappés par la magnificence et la ténèbre des hautes forêts syriennes, ne voulurent-ils pas avoir à Thèbes leur futaie aussi, mais une futaie de pierres éternelles ? Il ne semble pas que l'art égyptien ait connu ces grandes salles hypostyles avant la dix-huitième dynastie. Quel plus digne hommage à leur père Amon, au Dieu qui leur donnait la victoire sur le vil Khéta, que de mettre dans son enceinte l'image de ces bois fabuleux ? Simplement la salle hypostyle fournissait à l'Egypte ce qu'elle n'avait pas, ce dont la Syrie lui livrait la beauté, cette fraîcheur végétale et l'ombre, autour de troncs denses, impénétrables au soleil. Lorsque les rois de Perse eurent soumis ces mêmes pays de forêts, ils en tirèrent de quoi fonder sur les plateaux nus de l'Iran ce système d'architecture achéménide qui abonde en charpentes et en bois étranger ; mais au fort génie de l'Egypte, il appartient de repenser sa conquête, de lui donner, comme à tout ce qui vient du dehors s'implanter sur cette terre patiente, figure et durée, matière et forme égyptiennes. On a coutume de comparer les colonnes de la nef centrale à la colonne Vendôme, qu'elles dépassent en hauteur et en diamètre : mais c'est alors la salle entière qui serait, comme la colonne Vendôme, un monument triomphal, la futaie des victoires syriennes.

Futaie construite naturellement avec les types anciens de colonnes propres à l'Egypte. Je veux dire seulement une idée de la forêt, présente dans la bâtisse de la salle hypostyle, comme l'idée du tumulus primitif était présent dans la construction de la Pyramide.

Toujours elle me prenait, par mes matins de Thèbes, comme une sapinière du Risoux, une hêtraie de Fontainebleau. Dans la fraîche clarté, les troncs délicats des colonnes sont roses, mais d'un rose qu'on ne devinerait pas sans les épaisses ombres qui le semblent, comme son terreau, nourrir ; — le rose de leur grès, de ce sable aggloméré, très doux, poreux, qui boit la lumière également, précieusement, ainsi qu'en arène sur une grève il s'imbiberait d'eau. Le pullulement d'hiéroglyphes qui du haut en bas investit les cent trente-quatre colonnes, ce qui subsiste de leurs couleurs pâlies, de leurs rouges et de leurs bleus, mettent dans la futaie cette germination indéfinie, ce nombre ruisselant dont se comble au printemps une forêt du Nord, et, flottant sur les troncs roses, y tombent comme une déroute de fleurs que des érables remués abandonnent. Mais le nombre, l'espace peuplé, l'immensité de l'hypostyle ne font à ce poème de la nature végétale que sa plus extérieure figure. Les cent vingt-deux colonnes des bas côtés, à chapiteaux fermés, gardent leur corolle enveloppée encore dans le bouton ; tout ce domaine latéral de l'ombre retient la floraison en puissance ; alors, dans l'allée centrale qu'illuminent les claires-voies, s'ouvrent en pleine floraison les campanes des douze colonnes colossales. Ce passage de la puissance à l'acte que le temple grec mène selon la hauteur, il va, dans l'hypostyle, des deux largeurs latérales à la hauteur et à la longueur centrales, — et l'architecte égyptien l'exprime en formes de végétation, comme l'architecte grec en formes d'architecture, comme le sculpteur des frontons grecs en formes plastiques.

Ces colonnes décèlent l'idée de fleurir avec la même limpidité que les colonnes doriques l'idée de porter. Elles sont là pour remplir, pour habiter la salle, pour s'y épanouir, bien plus que pour soutenir des architraves et un dallage. On conçoit le malaise ici de l'archéologue classique qui juge d'après ses idées grecques. Perrot s'étonne que ce chapiteau campaniforme des grandes colonnes, si évasé, si net, ne porte en réalité rien, que la fonction portante soit dissimulée à l'intérieur, exercée par un simple dé, presque invisible au centre de la campane qui déborde. Et l'on a beau jeu à l'opposer au

Colonnes égyptiennes lotiformes

tailloir du chapiteau dorique, dont l'élargissement offre à l'architrave qu'il dépasse une base si sûre et si ferme. Mais la nature de cette campane est de fleurir, non de porter. On n'éprouve la beauté suprême du grand hypostyle que lorsqu'on a vu dans la lumière matinale ces chapiteaux s'achever, s'exhaler, frais de couleur encore et de pollen, comme des nénuphars sur l'eau, et, libérés de tout le poids de pierre, s'évaser sur une poudre d'or, y poser la flottaison qui s'arrête de douze pleines lunes calmes. Il sont à l'hypostyle exactement ce que sont au Parthénon les figures centrales des deux frontons, Athéna naissante, Athéna victorieuse, libération, légèreté, achèvement d'un effort dans un triomphe, de la puissance dans l'acte, sens suprême qui se dégage de la matière entassée. L'architrave posant sur cette corolle ouverte l'écraserait visiblement. Ajoutons qu'elle l'écraserait réellement, que la campane écornée se romprait sous le poids. Et il est curieux que le chapiteau dorique lui-même vienne donner en son langage une ombre de raison à l'idée égyptienne : c'est par crainte de briser les angles du tailloir élargi que dès le Ve siècle, à la belle époque du dorique, on ménage entre les bords du chapiteau et l'architrave un évidement qui décharge ces bords de leur fonction portante, rejetée ainsi qu'en Egypte par le dé, sur le milieu de la colonne. Cette précaution, négligée, comme M. Magne l'a constaté, au Parthénon, y eût prévenu des éclatements, après lesquels on dut, dès l'antiquité, réparer les tailloirs. De sorte que le grand tailloir dorique devient une apparence de support, un trompe-l'œil, et que la colonne campaniforme égyptienne pourrait revendiquer contre lui, avec un semblant au moins de bon droit, le mérite de la loyauté architecturale et du parti franc : ses bords ne portent pas, mais fleurissent, tandis que les bords du tailloir dorique parfait ne fleurissent ni ne portent, mais paraissent porter. Ne condamnons pas d'ailleurs cet artifice de l'art dorique, dont la fin est de nous faire concevoir un système d'apparences idéales plus vrai que la réalité commune.

Dans l'art égyptien, la fonction purement portante, l'idée architecturale vraie du support, est manifestée non par la colonne, mais par le pilier quadrangulaire. Peut-être le dé qui surmonte toute colonne égyptienne sans exception est-il comme l'hiéroglyphe nécessaire du support, le minimum de pilier quadrangulaire qui est impliqué par ce fait que la colonne fleurissante, malgré tout, porte aussi. Quand l'art égyptien a voulu mettre l'accent sur cette fonction portante, il l'a fait avec un goût admirable : les dés élevés qui paraissent dans l'Egypte hellénistique et romaine et qui donnent au « kiosque » de Philæ un charme d'abord inexplicable se relient ainsi à la logique profonde de cette architecture; ils sont en raison ce que le dé hathorique à sistre était en subtilité. Dans le langage architectural de l'Egypte, il semble que pilier ait signifié support, que colonne ait signifié floraison, végétation. De sorte que, lorsque Champollion crut avoir découvert dans les colonnes dites protodoriques de Beni-Hassan l'origine de la colonne dorique grecque, s'il se trompait évidemment au point de vue chronologique, il disait peut-être, au point de vue de la logique des formes, plus vrai qu'il ne pensait. Nous savons que la colonne protodorique est dérivée du pilier carré (c'est bien à tort que Choisy parle du poteau de mine) devenu, quand on en abattait les angles, octogonal, puis, par une logique naturelle, épannelé à seize faces. Comme il faut laisser une surface de raccord avec l'architrave de l'édifice ou le roc de l'hypogée, l'épannelage ne commence pas en haut même du pilier, et c'est la partie demeurée quadrangulaire et brute qui constitue l'équivalent du chapiteau dorique. De sorte que la colonne protodorique égyptienne et la colonne dorique grecque, venues des deux horizons opposés, nées l'une du pilier de pierre et l'autre de la colonne de bois, du pieu arrondi fiché en terre, arrivent à se rencontrer, sans qu'il y ait eu d'influence, en des formes remarquablement analogues, uniquement pour cette raison que toutes deux appartiennent à un ordre de supports, que leur logique est la logique du support.

Ainsi l'Egypte nous aide à repenser le dorique dans un bain d'idées claires. Elle nous y aide par l'opposition au dorique de ses colonnes végétantes, par les harmonies de ses vrais supports avec le dorique. Si le génie égyptien avait eu la puissance organisatrice du génie grec, il eût pu, lui aussi, distinguer et construire deux ordres : un ordre mâle de support et de sévérité, un ordre féminin de végétation et de grâce. Il nous fait comprendre que la dualité grecque des ordres convient à toute architecture étoffée, complète, vivante, que tout art sain tend à comporter ces deux versants, à se répartir en sexes. Et nous ne comprendrons pas pleinement le dorique, si nous ne l'envisageons à son tour dans son opposition et son harmonie avec l'ionique.

*
* *

La colonne dorique n'existe que comme support : tout en elle est tendu dans cette fonction, comme un cheval dont l'acte est de courir, un athlète entraîné dont l'acte est de lutter, un visage intelligent dont l'acte est de penser. La colonne ionique, elle aussi, porte. Les Grecs lorsqu'ils ont conçu la colonne-plante, comme celle de Delphes, ne l'ont pas employée dans un édifice, ils l'ont laissé fleurir librement, ne lui imposant pas d'autre faix qu'une statue. Mais elle porte, la colonne ionique, avec liberté, souplesse un peu coquette et nonchalante, et quelque indépendance. Avec la colonne dorique se confond l'idée de discipline, mais non avec l'ionique. La dorique sans base monte du stylobate, dans sa hâte fidèle de porter, comme couraient à l'ennemi les soldats de Marathon (et ses cannelures sitôt et si fraîches jaillissantes, elles me figurent, à sa source, la Loue qui de toute sa nappe s'élance hors du calcaire, sitôt née, sitôt formée, sitôt active). Mais voyez, à l'Erechtheion, la colonne ionique s'élever par des tores et des filets ornés qui paraissent répéter avec un sourire, reprendre avec des inflexions féminines les degrés du soubassement. Ne veulent-elles pas que sur cette base s'attardent notre regard et notre main ? Ces tores de marbre ont le galbe, la substance et la fermeté d'un bras nu. Le galbe de la colonne est imperceptible et ne lui donne pas, comme celui du dorique, l'accent d'effort. Tandis que la colonne dorique est du mouvement transmis, la colonne ionique est du mouvement retenu, dépensé, caressé pour lui-même. Voyez-la garder pour elle, avec la retombée de ses volutes, tout le surcroît de son élan et la grâce de sa sveltesse : cette force élastique revient sur elle-même, au lieu de s'employer intacte et attentive à l'architrave. On dirait, comme dans la *Source* d'Ingres, l'eau d'une urne penchée, qui fuit de l'épaule. Le mouvement est un ordre qu'on arrête, qu'on discute et qu'on repense, et cette colonne est sœur de l'indépendante et subtile philosophie d'Ionie. Comparez cette tête fragile et mutine, ce commencement de « romantisme féminin » à la tension sérieuse et probe de l'échine dorique. La base donne à la colonne sur le stylobate du temple un stylobate à elle, et ses volutes ornées, aux yeux d'émail et d'or, l'achèvent, sous l'entablement même, par un entablement qui lui appartient. Aussi n'attend-on pas sur elle une charge excessive, rien du substantiel entablement dorique, mais une architrave que ses trois faces, en la divisant, allègent, une frise sans poids, un fronton nu.

De sorte que la colonne ionique, qui garde pour elle une partie de sa beauté, et qui ne se subordonne pas toute, comme la colonne dorique, à un ensemble, accepte bien mieux l'isolement et la ruine. Cette Célimène n'est pas une veuve inconsolable, et quand elle cesse de porter elle ne perd pas tout. Asseyez-vous sur une des marches, en marbre d'Eleusis, qui conduisent au vestibule des Propylées, et, comme un berger de la pensée, regardez autour de vous le troupeau des colonnes. A l'entrée de la Pinacothèque, les colonnes doriques, qui portent encore l'architrave sur leur chapiteau, demeurent vivantes, calmes, respirantes dans l'accomplissement et la paix de leur acte ; mais celles d'entrée, coupées par le milieu, tronçons mutilés, n'admettent plus qu'elles soient belles, ne veulent de place qu'à notre compassion. Leur galbe interrompu paraît difforme cassure ; leurs cannelures, qui ne mènent nulle part, sont tristes comme des oiseaux tournant vers la place du nid qui n'est plus. A leur fonction de support si exactement elles étaient dévouées, qu'en elles nulle beauté de surcroît ne subsiste, et que nulle plaie de leur ruine ne dégage la fumée bleue de poésie. Ensuite passez d'elles aux cinq colonnes ioniques du chemin central (on a relevé la sixième) qui, tranchées à mi-corps, elles aussi, et même réduites à deux tambours, gardent, sur leur base élastique, une souveraine sveltesse : misère de reines dépossédées. Elles s'avancent dans leur blancheur que le soleil n'a pas dorée, hiérodules de marbre, qui, à l'entrée de l'Acropole, prennent notre main, et, dès que nous montons la première marche, disposent, par leur contact et leur regard, notre âme à la tendresse, à l'intelligence. Ce qui sur la colonne ionique attirait quelque reproche, cette liberté qu'elle se gardait, cela maintenant permet qu'à sa ruine survive une part de sa beauté, que sur la place de ses blessures une autre part s'en recompose.

Mais les atteintes qui n'enlèvent pas à la colonne dorique sa fonction de support laissent intacte sa forme vraie. Au Parthénon, les colonnes de l'Ouest ont beau être écornées, brisées, déchiquetées, elles portent encore leur entablement, et cela suffit. Seulement, là où leurs cannelures sont écrasées, elles ramènent en elles, plus près de leur âme, l'effort que ces cannelures signifiaient. Les deux colonnes centrales de l'opisthion, les plus abîmées, se rétractent et se condensent encore pour continuer à porter : elles témoignent de cette énergie qui passa des mains coupées aux dents, chez le Cynégire de Marathon.

Le fidèle support dorique aussi bien que la plus libre colonne ionique se répondent en ceci, que tous deux sont action, une action qui dans l'un s'emploie entière à sa tâche, qui dans l'autre s'y emploie en laissant un reste. Cette nature agissante, intelligente, fait d'eux des vivants véritables, les fait participer à une âme humaine comme la colonne égyptienne participe à la nature végétale. Aussi les origines des deux colonnes telles que les rapporte Vitruve, l'une étant née d'une certaine imitation libre de l'homme, l'autre créée d'une certaine imitation libre de la femme, cette jolie imagination alexandrine, paraît-elle vraie d'une vérité idéale. Platon appelle l'âme ce qui se meut soi-même. Les colonnes grecques ont une âme parce que le principe de leur mouvement est en elles. De sorte que les Grecs, suivant cette nature de la colonne, sollicitant vers des contours humains son intelligence intérieure, la conduisent sans effort à la forme de cariatide. La cariatide grecque n'est pas comme l'Osiris du pilier égyptien juxtaposée à un support. Elle est ce support, transformé en figure humaine par cette même imagination à la fois logique et souple qui voyait dans une source la jeune Byblis, dans le narcisse un bel enfant amoureux de son image.

La colonne dorique a beau évoquer une âme masculine, les Grecs n'en ont pas tiré une cariatide masculine. La colonne en effet ne peut s'humaniser que sous une forme drapée. Un homme nu ne saurait être un membre d'architecture. La figure humaine qui sympathise le mieux

Une cariatide de l'Erechtheion

avec la colonne dorique, c'est la femme grecque, orientale, lorsqu'elle revient de la fontaine, la tête chargée. Comme elle, la colonne, sans base, a les pieds nus, et comme elle son amphore, la colonne tient son fardeau sur un coussinet. La femme d'Orient porte l'eau sur sa tête exactement de la même attitude, de la même source riche et tranquille, qui gonfle de lait deux robustes seins droits. La tête et la poitrine soutiennent dans une souple tension architecturale le double fardeau naturel. Je suis bien certain que le sculpteur des Cariatides et l'architecte de l'Erechtheion se sont, pour la divine Tribune, inspirés des Athéniennes qui allaient, le soir, à la fontaine des neuf bouches, et qu'ils venaient les voir sous l'amphore, comme les éphèbes nus au gymnase, dans la ligne pleine de leur beauté et l'acte de leur plastique. La colonne dorique et la femme qui passait pouvaient se confondre en la même Idée de fardeau noblement accepté et porté. Aussi comme ces Cariatides répondent fidèlement aux colonnes du Parthénon qu'elles regardent et qu'elles paraissent repenser ! Leur vêtement à plis droits fait animées, simplement, comme sous une brise douce ou sur la palpitation de la vie, les larges et pleines cannelures. L'effort aisé qui tend la hanche traduit le galbe de la colonne, et leur front soutient l'architrave avec le même limpide courage qu'atteste le chapiteau dorique. Elles aussi nous les comprenons mieux par leurs correspondances dans l'ordre opposé. Songez aux cariatides onidiennes de Delphes. Comme elles se soucient peu de leur fardeau, celles-là, comme nous tremblons que cet entablement compliqué ne se trouve tout à l'heure par terre, un pot au lait en morceaux aux pieds de nos deux Perrettes !.

*
* *

Si la colonne dorique résume le temple, pourtant, comme la cannelure n'existe que dans la colonne, la colonne n'existe que dans la colonnade. Les colonnes, dit Lipps, ne forment, pour porter, qu'un seul et même effort, dont les parties sont d'ailleurs discernables, perceptibles clairement à cette « Differenzierung » qui est, pour ce psychologue, un des actes fondamentaux de l'activité esthétique. « On songe aux deux jambes qui portent le corps, aux deux bras qui le développent, à la saisie d'un objet par les cinq doigts. C'esr ainsi que la *fonction* d'une rangée de colonnes est indivisible. »

Cela est évident de la fonction, c'est-à-dire de l'acte par lequel les colonnes portent, et même peut-on dire que cette continuité indivisible de la fonction est comme symbolisée par la continuité de l'architrave. Mais on doit le dire du nombre aussi des colonnes. Un temple tétrastyle, hexastyle, octostyle, implique dans l'être collectif de ses colonnes faciales, dont il tire son nom, une sorte de nature numérique irréductible, celle d'un nombre intelligible.

L'octostyle du Parthénon pose, à propos du temple dorique, des problèmes intéressants. Un temple a naturellement six colonnes : les deux colonnes d'angle du péristyle, les deux colonnes qui répondent aux antes, et les deux colonnes qui répondent à la porte. De plus, Vitruve nous dit que le nombre six est pour les mathématiciens le nombre parfait, à cause de ses fractionnements possibles. Il semble que l'hexastyle accompagne nécessairement l'idée de l'ordre dorique. Pourquoi le Parthénon a-t-il huit colonnes ?

Le Parthénon interrompu de Cimon, antérieur à celui de Périclès, était déjà octostyle, et dès le VIe siècle existait en Sicile un temple analogue, le temple T de Sélinonte. Ce sont là les trois seuls octostyles doriques dont nous connaissions le plan. Or le temple de Sélinonte, le plus grand temple dorique du monde grec, a été conçu à huit colonnes afin que le portique fût le plus vaste possible. Plus encore que dans les autres temples archaïques, le secos y est réduit, minuscule au milieu d'un spacieux péristyle qui évoque déjà les pseudo-diptères de l'âge macédonien. Les deux colonnes supplémentaires de l'octostyle ont donc pour objet, à Selinonte, d'élargir autour du secos l'espace qui appartient au public. Cela est si vrai qu'à l'époque de Vitruve le périptère n'a jamais que six colonnes, que les huit colonnes sont réservées au diptère, c'est-à-dire aux temples qui reproduisent l'élargissement archaïque du péristyle. C'est peut-être à l'imitation du grand temple de Selinonte, et en tout cas dans les mêmes idées, que l'ancien Parthénon de Cimon fut conçu. Il a comme celui-là, dans un vaste portique, un secos étroit, mais plus allongé.

Mais au Parthénon de Périclès il n'en est plus de même, et les proportions relatives du secos et du portique changent du tout au tout. Le soubassement du nouveau temple est moins long, plus large. Le secos s'étend jusqu'à réduire le péristyle à quatre couloirs étroits. Avec cette extension du secos l'octostyle semble perdre sa raison d'être. Les deuxièmes colonnes de chaque petit côté correspondent à l'ante, comme dans l'hexastyle, tandis qu'au grand temple de Selinonte c'est la place des troisièmes colonnes, et qu'à l'ancien Parthénon le prolongement de l'ante tombait entre la deuxième et la troisième, mais plus près de celle-ci.

De sorte que, par sa membrure, le Parthénon nous apparaît moins comme un temple octostyle que comme un hexastyle avec deux colonnes supplémentaires. Ne doit-on pas voir là un manque de logique, et, comme le temple dorique est avant tout un ordre de logique, notre habitude de considérer dans le Parthénon l'exemplaire du dorique idéal ne tombe-t-elle pas ici en faute ?

Il est certain que le temple d'Olympie, si l'œuvre puissante de Libon nous avait été conservée seulement autant que celle d'Ictinos, réaliserait avec plus de pureté l'Idée du dorique. Ne déclassons pas pour cela le Parthénon. Saint-Urbain de Troyes exprime l'Idée du gothique avec une limpidité plus parfaite que Notre-Dame de Paris, et il n'y en a pas moins à Notre Dame une puissance inventive d'organisation qui en fait un plus grand chef-d'œuvre que Saint-Urbain. Tel est aussi le caractère du Parthénon. Le génie d'Ictinos paraît s'être plu à sortir des traditions, à poser et à résoudre des problèmes nouveaux, à élargir le dorique plus qu'à l'inscrire exactement, à le vivifier plutôt qu'à le purifier. Eleusis et Bassæ, construits par lui, en témoignent. On considère trop souvent les monuments de l'Acropole, les Propylées, le Parthénon, l'Erechtheion, comme la mise au point parfaite de types grecs préexistants. C'est le contraire de la vérité. Chacun représente, ainsi que l'invention d'un Eschyle, d'un Platon, d'un Thucydide, une somme remarquable de hardiesse et de création. Les architectes de l'Acropole ont apporté au moins autant de nouveautés que ses sculpteurs.

Mais enfin quelle est, au Parthénon de Périclès, la raison de cette nouveauté ? Il y a d'abord une cause générale, donnée autrefois par Hittorff à propos des temples siciliens. C'est qu'au Ve siècle le temple perd en grande partie son caractère accessible, qu'il devient moins un monument public et mieux une demeure divine : la cella, maison du dieu, gagne partout sur le péristyle, promenoir de la foule, et les marches disposées pour le pas humain font place aux degrés isolants du soubassement. Une autre raison est alléguée par les archéologues, et elle est propre au Parthénon. La cella a dû être élargie parce qu'elle était prévue pour une statue d'Athéna à la base très large. Elle est à la mesure de la déesse. Il fallait non seulement qu'elle contînt le colosse, mais que le colosse y fût à l'aise, y pût respirer. Le plan d'Ictinos lui aurait été dicté par les exigences de la statuaire et par l'œuvre de Phidias. Cela est en effet probable et fournit un exemple clair de

Face ouest du Parthénon

cette échelle divine que nous révèle le temple dorique.

La question cependant n'est pas résolue par là. Pourquoi Ictinos conserva-t-il l'octostyle, c'est-à-dire l'ordre propre au secos étroit et au large péristyle, alors que le secos devenait large et le péristyle étroit ?

Il faut, outre ces raisons de culte et de nécessité, en chercher des raisons architecturales et même sculpturales. Si l'hexastyle avait été employé dans un édifice de cette dimension, il eût pu évidemment donner un chef-d'œuvre égal au temple d'Olympie, qui n'avait en largeur que trois mètres de moins. Mais dans un hexastyle aussi étendu, il était nécessaire que les vides dominassent et que, par conséquent, les colonnes fussent robustes et trapues. De fait, à Olympie, les entre-colonnements, d'axe en axe, sont de 4^{m}78 aux façades (2^{m}25 au Parthénon), de 5^{m}20 sur les côtés longs. Aussi le diamètre des colonnes à la base est-il de 2^{m}21 et 2^{m}25 à Olympie tandis qu'il n'est que de 1^{m}905 et 1^{m}968 (les seconds chiffres sont ceux des colonnes d'angle) au Parthénon, la hauteur restant sensiblement la même. Ces proportions de puissance et de masse conviennent admirablement au temple d'Olympie ; la maison de Zeus implique la solidité, l'enracinement, la majesté ; — le temple est installé au fond d'un vallon où il semble que son poids l'ait fait descendre ; — la rudesse énergique de ses frontons lui donne une sculpture appropriée ; — tous ces caractères enfin trouvèrent leur achèvement, et, s'il en eût été besoin, leur justification, lorsque, dans ce temple pesant et assis, Phidias eut créé la statue du dieu assis. Voilà quatre caractères dont le Parthénon nous présente exactement l'inverse. La maison d'Athéna implique ceci : l'agilité avec laquelle naît de la tête de Zeus la pensée du dieu, la fille chérie de son intelligence ; — le temple est situé sur une colline dont il doit s'élancer avec une certaine légèreté (remarquons en effet qu'il n'y a dans les monuments de l'Acropole rien qui soit gravement et vastement trapu, ou plutôt l'élément trapu, la basse fondamentale, c'est le rocher, d'où les temples vers la hauteur jaillissent) ; — la sculpture des frontons est pensée avec le Parthénon lui-même, et le mouvement magnifique des groupes centraux s'élance de toute l'architecture ; — la statue pour laquelle il est fait est celle d'une déesse debout, la lance levée. Il lui fallait donc des proportions plus sveltes, c'est-à-dire un entre-colonnement moindre, et, avec ses dimensions, l'octostyle nécessairement s'imposait.

Au grand temple de Selinonte, l'octostyle n'avait pas en vue un tel allègement, mais simplement des dimensions plus colossales. Avec ses 175 pieds de façade, contre 100 au Parthénon, ses proportions différaient peu de celles d'Olympie. Mais l'allègement était obtenu de l'intérieur, par l'ampleur et les vides du péristyle, par l'exiguïté du secos, de sorte qu'il pouvait bien présenter une magnifique harmonie.

C'est le contraire au Parthénon, où l'allègement est demandé à l'emploi de l'octostyle, mais où il est équilibré de l'intérieur par le poids et l'étendue du secos. Ce rapport nouveau, ainsi légitimé, de l'octostyle à proportions sveltes avec des portiques étroits et avec un secos rapproché des colonnes, voyons-y non un prolongement, mais un tournant du dorique traditionnel.

Souvenons-nous toujours que si la sculpture, ici, est pensée en fonction de l'architecture, l'architecture implique déjà toutes les intuitions et les délicatesses d'une sculpture. Le secos des temples siciliens flotte et s'amaigrit à l'excès dans son vêtement traînant de colonnes exubérantes. Car le secos est le corps du temple, et le péristyle l'habille. Certes le secos et le péristyle sont, par leur construction, indépendants comme le corps et le vêtement eux-mêmes. Mais si l'un n'est pas fait avec l'autre, l'un est fait cependant pour l'autre. Ainsi le péristyle de Ségeste figure un vêtement qui n'a jamais été porté. Le secos du Parthénon est alors conçu comme un beau corps ample et solide de marbre, né de la même nature que les déesses des frontons, avec des hanches robustes, une large poitrine aux seins espacés, dont la ferme élasticité vient tendre la draperie dorique, ainsi qu'un fruit pulpeux sa peau dorée.

Ces colonnes plus élancées, ces entre-colonnements plus serrés, qui sont au Parthénon la raison de l'octostyle, bien qu'ils innovent sur le dorique antérieur, que dans la suite ils ne paraissent pas avoir été imités, et qu'ils demeurent dans la brève exception dorique un second degré d'exception, ils n'en amènent pas moins le dorique à une maturité logique, à une perfection intelligible, que les essais antérieurs ne dégageaient pas. C'est par eux et c'est au Parthénon seulement que la colonne et le temple dévoilent une harmonie absolue, que la colonne paraît le microcosme du temple et le temple la plénitude de la colonne. La fonction des cannelures, on l'a dit souvent, est de multiplier par elle-même la colonne, de mettre autour d'elle une draperie ondulée, un mouvement ascensionnel. Au Parthénon le rapport des colonnes à l'organisme du temple reproduit exactement, pour le regard et l'esprit, le rapport des cannelures à la colonne. Les colonnes multiplient et animent le temple comme les cannelures animent et multiplient la colonne. Si les entre-colonnements étaient plus larges, le secos plus reculé et plus flottant, cette surabondance de vides romprait le concert pressé qui fait ici collaborer les colonnes à l'habillement du temple. De sorte que, comme le diamètre de la base est un module de proportion, la cannelure apparaît comme un module de mouvement. La densité du secos met sous les colonnes cette robustesse que la substance de la colonne, rendue sensible par le chapiteau qui l'achève, met sous les cannelures. Ces changements légers donnent à ce temple une plasticité, une ondulation, une vie qui manquaient au robuste dorique de Sicile et d'Olympie.

Mais les entre-colonnements ne sont pas, dans le temple dorique, seulement un espace vide entre les colonnes. Il faut voir en eux des membres très actifs, vraiment capitaux, de l'architecture. Colonnes et entre-colonnements se succèdent au péristyle comme triglyphes et métopes à l'entablement. C'est sur les dimensions des entre-colonnements qu'est fondée l'une des classifications vitruviennes, la plus importante peut-être, puisque cette classification, et le rapport qu'elle établit des vides aux pleins, représentent, sous le canon modulaire de l'époque alexandrine, la seule part de liberté qui soit laissée à l'architecte et qui donne au monument son style personnel.

Au Parthénon, ces entre-colonnements doriques sont aussi beaux que les colonnes elles-mêmes ; ils forment la contre-épreuve de leur vérité. Ils semblent de sveltes sarcophages bleus, purs de lignes autant que la plus élégante amphore. Ils sont dessinés par l'échine et le tailloir de deux chapiteaux que réunit l'architrave, par la ligne galbée des colonnes et le plus étroit espace du stylobate. Ils sont faits de la seule matière qui soit digne d'avoisiner un marbre mûri d'or, le dense azur du ciel attique. Ils invertissent et repensent dans cet azur la vivante ligne des colonnes. Les colonnes immatérielles, évasées, que le ciel fournit, alternent avec les colonnes pleines montées de la terre. Les vides sont incorporés à la construction : ainsi Démocrite et Platon veulent que le non-être lui-même, étant nommé, conçu, prenne place comme un degré de l'existence. On comprend qu'ils aient été, pour les architectes grecs, l'essentielle partie du temple à signifier liberté. C'est par eux que le péristyle, le « périptère » se spiritualisent, et s'allègent. Ils donnent à l'« aile », ils mêlent à l'aile cet espace où sa nature est de vivre. Ils font entrer le ciel à même le temple comme les dentelles et les baies l'insinuent dans la vie

L'Entre-colonnement dorique
(Parthénon)

aérienne du clocher. Seulement la part de ciel que retiennent les deux édifices diffère : le clocher va prendre la sienne en pleine hauteur, le temple demande à l'horizon, proche de la terre et pourtant dans l'azur, le pan lumineux que ses lignes idéalisent.

Il est singulier qu'aucun de ceux qui ont parlé du temple dorique n'ait dit un mot de ce membre essentiel. Il y a plus. Laborde a publié une description de l'Acropole, par un naïf anonyme grec de 1458, en l'accompagnant d'une traduction due à l'helléniste Rossignol. On y lit un *perechei plagiôsin* que Rossignol traduit : « Entre deux de ces colonnes, il (le temple) enferme un espace oblique. » Traduction exacte, mais que lui-même donne pour inintelligible et que Laborde ne comprend pas davantage. Rien de plus clair pourtant. Cette *plagiôsis*, cette inclinaison ou espace oblique, ce sont les lignes mêmes de l'entrecolonnement bleu, assouplies du stylobate à l'architrave, par la décroissance de la colonne, et incurvées par son galbe. Il est même remarquable que ce Grec ait été plus frappé par l'entre-colonnement que par les colonnes, qu'il lui ait attribué, et non aux colonnes, la direction oblique. Telle était probablement l'optique des anciens, qui, pour rendre sensible le galbe des supports, comptaient sur ces sarcophages d'azur plutôt que sur les colonnes elles-mêmes.

Cette alternance de colonnes dorées et d'espaces bleus, en donnant aux ailes du temple un rythme simple de trochées, suprêmement symbolise l'harmonie que font dans tout art le volontaire et le fortuit. Il est bien certain que le divin entre-colonnement n'a pas été voulu d'abord par l'architecte. Il est venu se juxtaposer à la beauté de la colonne, à une beauté cherchée, méditée, calculée, mais il était impliqué par elle. Ces coupes azurées font au temple une grâce surérogatoire du ciel, et en même temps sortent de lui dans une nécessité nue d'épure, dans une identité de géométrie. Ainsi la lumière attique devient, autour du Parthénon, intelligente comme une gardienne, et, tout le jour, silencieuse, intacte Antigone, veille auprès de sa ruine. L'après-midi, si vous abordez par le pronaos le grand pavé de soleil, voyez, au fond, la lourde porte byzantine s'effacer toute, et l'ombre la fondre entre les deux colonnes centrales du portique qui lèvent seules leurs fûts religieux et tiédis d'ambre. Entre elles deux le sarcophage intense du grand entre-colonnement se découpe, une stèle de vide et de bleu occupe le fond du temple, et, derrière le rectangle noir qui marque la place de la statue, elle paraît lever le double idéalisé d'Athéna : morceau plein et riche de ciel athénien, aux artères de soleil, fini par des contours vivants. Le Parthénon imprégné d'ordre recompose avec ses seules lignes la figure divine dont il fut constitué la demeure. Ainsi que notre âme, sur lui, ne devient toute que vision et qu'intelligence, il semble que dans les saphirs dont Phidias avait fait les prunelles de la déesse, le corps d'ivoire et d'or, sans cesse investi d'eux, se soit pensivement fondu. Sur ce pavé, maintenant, comme une pierre de foyer antique, nu et chaud de soleil, nous reconnaissons l'exacte et pleine effigie qui sied à la maison, désormais, de la seule lumière.

*
* *

Que la colonnade ne soit pas une simple juxtaposition de colonnes et d'entre-colonnements, mais aussi un acte simple, l'acte de porter, ceci en témoigne.

Les entre-colonnements ne sont pas égaux. Ils sont visiblement plus larges sur les grands côtés. Ici encore l'architecture ne pense pas le temple comme une réalité statique, mais comme un mouvement, comme un vivant. Pour développer ses côtés larges, l'édifice lui-même s'élargit, espace ses colonnes. Sur les faces il se ramasse, se concentre, prend son aspect de visage intelligent. Les colonnes se resserrent là où elles ont à soutenir le poids

Face est du Parthénon

du fronton, là aussi où les colonnes moindres du pronaos et de l'opisthodome leur approfondissent un portique.

Mais il est trois autres caractères de la colonnade auxquels on donne des raisons particulières pour chacun, et qui me paraissent collaborer dans une raison plus générale.

C'est d'abord le renforcement des colonnes d'angle. Il s'explique par ce fait que, la colonne d'angle étant, comme dit Vitruve, « mangée par l'air », un léger épaississement compensera cette illusion visuelle.

C'est ensuite le resserrement des deux colonnes extrêmes. Il provient de la difficulté qu'on a, dans le temple dorique, à placer de façon satisfaisante le dernier triglyphe, et il en offre la meilleure solution.

C'est enfin l'inclinaison des axes ; l'entablement paraîtrait, sur des colonnes droites d'angle, pousser au vide, comme on s'en rend compte à la Madeleine et au Palais-Bourbon. Penrose exprime cette raison avec une technique plus subtile, en la fondant sur la nécessité de rectifier l'illusion visuelle, qui fait paraître un support, toutes choses étant égales, plus large au sommet qu'à la base.

Toutes ces raisons s'inclinent, comme les colonnes elles-mêmes, vers une raison commune. Ces trois caractères s'appellent, s'impliquent, forment un acte indivis. Un temple grec est un être fini, parfait. Les colonnes des quatres coins marquent ce contour, cette fin, et par là ne sont pas des colonnes quelconques, mais des chefs de file. Renforcées à la fois par leur diamètre, par le rapprochement des deux colonnes qui les suivent, et par leur inclinaison vers le centre, elles esquissent, elles indiquent aux quatre coins du temple cette forme pyramidale qui est celle du fini, qui assied un édifice et le confirme dans la durée.

Entendons-nous bien. Elles esquissent cette forme par un mouvement vivant, elles ne tendent pas à la réaliser comme une chose. La forme pyramidale ne

signifie durée que si, comme aux Pyramides d'Egypte,
la pyramide est un tas, si son noyau est plein. Mais si
la pyramide est un édifice, si son noyau est creux, elle
pousse au vide vers l'intérieur, et sa forme figure au
contraire la fragilité. C'est ainsi que les Egyptiens ont
incliné en talus des pylônes creux, qui se sont affaissés.
Le temple dorique ne vise pas à une forme de pyramide,
il prend cette position légèrement pyramidale qui est
naturelle à l'homme comme à l'animal quand ils veulent
se tenir solidement au sol, et qui élargit leur polygone
de sustentation. Le Parthénon, aux angles, fortifie et
penche ses colonnes, resserre ses vides, par ce même
mouvement humain qui donne à la colonne son galbe
élastique et qui, à l'Erechteion, tend l'une des jambes,
fléchit l'autre, des jeunes filles sous leur fardeau.

Les courbures et les déviations avaient leur raison
d'être aussi bien dans les temples ioniques que dans les
temples doriques. Mais elles ne l'avaient que dans les
grands temples, et nous ignorons tout des grands temples
ioniques, qui ont vraiment joué de malheur depuis
Erostrate jusqu'à l'archéologue Wood. Il est probable que
l'inclinaison était en raison directe du poids et de la
pente de l'entablement, et que par conséquent l'ionique
la marquait moins. Le temple ionique dérive d'un bâti-
ment asiatique à toit plat, et si le mégaron mycénien
d'où provient le temple dorique était également à toit
plat, le comble à deux versants n'en a pas moins été,
dès l'origine, et comme un parti nécessaire et franc,
incorporé au dorique. Aussi ce comble, avec son fronton
meublé et pesant, donne-t-il au temple dorique une
cause essentielle de son inclinaison.

Le comble, dans tout édifice grec, porte sur l'entrait
de la ferme, exerce une poussée de haut en bas que
reçoivent les colonnes. Il est probable que les Grecs
connaissaient notre type de ferme à entrait tendu. S'ils
ont préféré dans leurs temples un système qui demandait

une dépense énorme de bois, c'est que cette maçonnerie de bois collaborait avec la charpente de pierre manifestée par l'entablement extérieur, le tout avec un avantage commun de concrétion, d'harmonie, de solidité, de durée. Toute leur construction pose à plein, dans sa logique, le système des plates-bandes. Mais (et je crois la remarque importante) si la charpente cachée du comble, et toute sa carapace visible de marbre, et tout l'entablement, pèsent, en réalité, verticalement, l'œil néanmoins leur attribue un poids latéral. Il ne les détaille pas en tranches où la poussée serait, de haut en bas, transmise par des portions d'entablement sur des colonnes ; il glisse le long des versants, et va naturellement chercher les points terminaux d'appui là où le gothique, par son architecture de voûtes, les met réellement : sur les côtés. De sorte que, sur ces côtés, aux quatre angles du temple, le regard attend comme un renfort, un coup d'épaule, qui empêche le comble de déverser les appuis latéraux. C'est pourquoi, lorsque ce renfort manque, le comble paraît pousser au vide. Il n'est pas nécessaire d'ailleurs que le renfort soit aperçu clairement ; il suffit que, comme le sel dans le pain, il existe assez pour que l'œil n'en éprouve pas obscurément le besoin. Cette pente imperceptible indique d'un soupçon, dans l'architecture de plates-bandes, ce que les contreforts et les arcs-boutants devront imposer de façon nécessaire, exposer de façon visible, dans l'architecture à voûtes.

Mais sur ce poème de lignes qu'est le Parthénon, nous ne pouvons découvrir une beauté sans que du regard, elle ne nous en désigne, près d'elle, une autre, fraternelle et voilée. Avant d'être arrêté par les partis plus robustes et plus serrés des angles, ce déversement apparent du comble était déjà retenu à moitié par un autre artifice de construction : les lignes des frontons fléchissent entre les angles comme si elles étaient concaves.

Elles tendent invisiblement à reporter la poussée vers l'intérieur. L'assiette du temple est un rythme d'équilibre entre ces mouvements des deux lignes terminales que la correction optique dévie également : la verticale des angles et l'oblique des frontons.

Lysippe se vantait quand il disait, selon Pline, en se comparant à ses prédécesseurs : « *Ab illis factos quales essent homines, a se quales viderentur esse.* » Ce principe de la réalité sacrifiée aux apparences, de la perspective appliquée à des arts qui ne la semblent pas comporter, est mis en valeur par les maîtres du Parthénon, architectes et sculpteurs, avec une science que Lysippe sera loin de dépasser. Et l'on suit ici, de l'art athénien à la philosophie socratique, un curieux renversement, un singulier malentendu. Si Platon avait écrit un dialogue de l'*Artiste* comme il en a fait un du *Sophiste*, n'aurait-il pas dénoncé dans l'art un mensonge pareil à celui de la sophistique, un sacrifice analogue de la médecine à la cuisine, et, par des raisons à la Pascal (« Quelle vanité que la peinture ! »), éclairé la place inférieure où la *République* rejette les artistes ? Mais ces raffinements de l'architecture Platon ne paraît pas les avoir connus, et Pennethorne et Penrose lui en auraient appris autant qu'à nous. Il y a dans le *Philèbe* un passage assez typique. Opposant la musique et l'architecture, Platon met l'architecture bien avant la musique. La musique, comme la poésie dans l'*Ion*, est, dit-il, une certaine routine « qui ne règle point des accords par la mesure, mais par les conjectures rapides que fournit l'habitude. » Au contraire, l'architecture est un art plus exact, plus précis, parce qu'elle ne se fie pas aux impressions des sens, mais se sert d'instruments. Or c'est précisément la perfection de l'architecture dans l'art grec fleurissant que de s'être conformée aux impressions des sens, d'avoir modelé sur leurs délicatesses les plus légères ses instruments et ses mesures, de s'être proposée, elle aussi, pour une musique. Mais alors Platon, s'il l'avait mieux connue, n'aurait-il pas déclassé l'architecture, appelé l'art du Parthénon une flatterie, vu dans la subtilité de ses lignes autant de traits obscurs sur la caverne des apparences ?

*
* *

L'architrave, stylobate de l'entablement, est faite de trois poutres de marbre juxtaposées, comme le soubassement est fait de trois degrés. Mais ces trois poutres, dans le dorique, existent pour la solidité, à titre de charpente ; une seule est visible, et l'architrave, pour l'œil, ne forme qu'une masse, un bloc. Elle a gardé toute la force de la fonction que tenait la poutre dans l'architecture de bois. Prenant pour assise de réglage le dernier membre du registre qui supporte, le tailloir du chapiteau, elle porte le registre supérieur, rappelle le soubassement par son épaisseur, une épaisseur de piédestal, accommodée à l'abondante sculpture du fronton dorique. Dans l'ordre ionique l'architrave ne rappelle le soubassement que par le nombre de ses trois faces superposées, elle le reproduit même, de façon piquante, en un ordre inverse, par une sorte de reflet, les trois faces, au lieu d'être en retrait, se surplombant. Différences parfaitement équitables : si l'architrave ionique était unie, la frise peu élevée qui la surmonte serait diminuée par son piédestal, — d'autre part cette architrave, qui ne supporte qu'une frise en bandeau et un fronton vide, idéalise le soubassement dans un motif léger, au lieu d'en répéter la fonction portante.

Les triglyphes redisent dans le registre supérieur les cannelures de la colonne. Ils perpétuent dans le monument de pierre la forme la plus visible de l'ancienne membrure de bois, conservent au milieu de la décoration plastique l'idée architecturale, et maintiennent parmi les grandes lignes horizontales ou penchantes de l'entablement la forme de la poussée verticale. Leur rôle de transition, de tradition, d'équilibre stabilisant, paraît si évident, que, si l'architecture du bois ne les avait pas transmis, on eût été, dans un fronton sur colonnades, conduit par la logique de la décoration à les inventer.

Comme les triglyphes rappellent les colonnes, les métopes sculptées annoncent le fronton. Cette sculpture est d'ailleurs l'exception, et plus souvent elles demeurent lisses. Murray remarque que la différence de leur échelle avec l'échelle du fronton produit une disharmonie, qu'à Olympie c'est peut-être pour y remédier qu'on les a placées sur les murs de la cella, mais qu'au Parthénon les métopes sculptées ne devaient pas choquer plus que la prédelle d'un tableau. Les triglyphes, en mettant autour d'elles l'accent architectural, leur donnaient un caractère secondaire, décoratif. Au contraire, l'œil est peut-être plus mécontent devant des registres d'échelle semblable placés à des hauteurs différentes, comme aux portes de Ghiberti, où les registres supérieurs sont si rapetissés.

La véritable raison de Libon, à Olympie, fut peut-être une autre raison d'optique. L'inconvénient des métopes sculptées, c'est que, pendant une partie du jour, l'ombre de la corniche qui les surplombe les tranche en deux, et la composition même de la métope à deux personnages faisait que ces ombres coupaient en tronçons horizontaux précisément ce que le relief divisait en deux parties verticales. Cet inconvénient, le Parthénon, sans l'éviter tout à fait, y remédie dans la mesure du possible. Les métopes avaient un fond rouge sombre, qui buvait l'ombre et sur lequel s'enlevait plus vigoureusement le marbre resté nu. Même je ne sais si l'on n'était pas allé plus loin. Peut-être même la fréquence des chevaux et des centaures tient-elle à ce que la ligne horizontale de leur dos mettait le mouvement de la métope en harmonie avec la coupure de l'ombre.

D'ailleurs, quand les métopes restaient lisses, elles figuraient encore dans l'organisme général du temple, des cadres pour une décoration : peintures, boucliers, objets précieux. Le rythme de la frise rappelait donc le rythme de la colonnade, les métopes correspondaient aux entre-colonnements comme les triglyphes aux colonnes. Les métopes étaient comme un repos de l'architecture, sa détente dans la plastique, le temps faible après lequel le triglyphe marquait le temps fort.

Le comble à fronton désigne la raison suprême du temple dorique, en vue de laquelle jusque-là s'étageaient les moyens et les préparations. Ce comble n'existait pas dans le mégaron de bois qui a donné naissance à la partie quadrangulaire du temple, et qui se terminait par une terrasse. Il a ses origines dans les toits inclinés des pays pluvieux, et peut-être les Doriens, qui descendaient de la montagne et du Nord, l'imposèrent-ils dès l'abord à leurs édifices publics. Mais cette origine importe peu. Lorsque la pierre succéda au bois, ce fut pour que l'édifice durât. Si une maison qui se rebâtit sans cesse peut ne pas tenir compte des pluies, rares en Grèce, il n'en est pas de même d'un édifice qui doit subsister indéfiniment. Des pluies rares ont à la longue le même effet que des pluies fréquentes, et le comble incliné s'imposait au temple de pierre par cette nécessité même de durée qui l'avait fait de pierre. Enfin cette raison pratique, à son tour, disparaît presque sous une raison souveraine qui s'impose de plus haut et d'un ciel où s'oublie tout accident de pluie ou de beau temps. Le temple dorique tire du comble à versants son caractère humain, intelligent. Sa toiture le limite en hauteur, lui donne un point final, c'est-à-dire une perfection, appelle naturellement le fronton, c'est-à-dire l'analogue architectural du front humain, place de la pensée.

A Pœstum un entablement très haut, très lourd, a pour fonction de peser sur les colonnes, de les charger

pour les rendre plus solides. Il est, dans l'ordre de la
poussée verticale, ce que sont, dans celui des poussées
latérales, les pinacles des arcs-boutants gothiques. On
tombait par là dans un excès, et l'on s'y prit, dans la
suite, autrement, pour rendre les colonnes inébranlables.
Néanmoins, dans cette tendance archaïque, le sens du
fronton paraît à nu. Il donne un sens à l'élan, à la discipline des colonnes ; il se déploie, s'abaisse, se tend pour
être porté, comme les colonnes se multiplient, se lèvent,
s'efforcent pour porter. Le temple se définit comme
un équilibre entre le mouvement de bas en haut, qu'est
la colonnade, le mouvement de haut en bas qu'est l'entablement, qui viennent se rencontrer et se fondre dans
le robuste trait d'union de l'architrave. Un temple
réalisera par toute sa membrure une œuvre parfaite de
sculpture architecturale quand l'œil éprouvera une juste
et pleine harmonie entre ces deux mouvements. Ainsi
le lourd entablement de Pœstum répondait aux colonnes
robustes, à la saillie formidable du chapiteau. Au Parthénon l'un et l'autre mouvement sont indiqués délicatement par les lignes mêmes de la périphérie : au bombement par lequel le stylobate prépare l'ascension des
colonnes répond sur le fronton le fléchissement léger,
la tendance vers la concavité, des deux rampans. C'est
désigner avec grâce le caractère terminal du fronton,
donner l'idée que l'ascension est achevée. Les lignes du
haut se déraidissent sous la même logique qui tend les
lignes du bas. De plus, le fronton continue légèrement
en arrière le mouvement qui fait converger en une pyramide idéale les directions du temple. Au contraire du
fronton ionique, qui penche en avant, le fronton dorique
a assez d'étoffe et d'ampleur pour accompagner ce
rythme général et s'incorporer à lui. Cette fuite en arrière
est d'ailleurs contrebalancée, et au delà, par les forces
plus intelligentes qui font comme descendre le fronton
dorique, bienveillamment, à la rencontre du regard et

Angle du Parthénon

qui sont le poids de sa sculpture et la vigueur du fond bleu d'où elle est poussée en avant. De sorte qu'à ce point suprême, et par la simple suite de la logique architecturale qui gouverne le temple depuis la racine, le monument paraît passer au second plan, l'architecture imperceptiblement s'écarter, pour laisser à la composition sculpturale plus de valeur, de clarté, d'autorité. C'est peut-être afin de reproduire, dans le fronton vide, par une idée architecturale, cette fonction de la sculpture, que le temple ionique, lorsqu'il était de grandes dimensions, penchait en avant son entablement : explication qui ne contredirait pas celle de Vitruve et l'éclairerait.

Au-dessus du fronton, la décoration de terre cuite aux couleurs vives, le bronze et l'or que portait la cymaise achevaient cette face pensante par une sorte de végétation naturelle, par le couronnement d'une belle chevelure.

Le fronton dorique, originellement, n'impliquait pas de sculpture, et nombreux sont ceux qui demeurèrent lisses. Il faut d'ailleurs observer que la sculpture, qui paraît liée si intimement au temple dorique, n'y occupe cependant que des parties surajoutées, des vides que laissait la construction de bois, et qu'il fallait combler : les métopes dérivent des planches qui fermaient les espaces demeurés béants entre les poutres de la toiture, et qui donnaient à ce registre la même continuité qu'au poitrail sous lui, à la sablière sur lui. Pour le fronton, c'est déjà en tant qu'architecture (ce sera plus tard en tant que sculpture) qu'il se superpose distinctement à l'édifice primitif. Comme il arrive à tous les tournants de la vie, ce qui était d'abord un accident devient la fleur même et l'âme visible du temple.

Le Musée de l'Acropole nous fait connaître avec une pleine clarté les trois étapes que devait franchir la sculpture du fronton. Pour meubler cet espace triangulaire, dont toutes les sections sont de hauteur inégale, il fallait un sujet approprié, une occasion de montrer les figures dans toutes les positions, depuis celle couchée qui convenait aux angles jusqu'à celle debout qu'impliquait le milieu. De là la nécessité d'un ordre. Nous avons vu que le triangle du fronton dorique fut le père géométrique de la composition sculpturale. Pour trouver des figures qui diminuassent dans le sens du plan, comme la peinture fait diminuer les siennes dans le sens de la profondeur, on commença, et nous le voyons dans les édifices archaïques de l'Acropole, par un procédé naïf et simple, des serpents dont les anneaux se recourbent en replis inégalement tortueux, jusqu'au bout de la queue, qui entre dans l'angle du fronton comme un doigt dans un gant. Le Tryphon en donne déjà une variante avancée. Puis le motif du combat, avec ses dieux au centre, ses vainqueurs debout, ses blessés sur un genou, ses morts étendus, parut s'adapter exactement aux nécessités du fronton. Il était réservé à celui qui dessina la sculpture du Parthénon de faire le pas dernier et décisif, de substituer au combat réel une dispute idéale et de demander à toute la gamme des attitudes humaines le secret de la composition harmonieuse. Ainsi de ce qui paraissait d'abord une gêne, une difficulté à tourner, les Grecs surent tirer une raison de grâce et un principe de perfection. Sur le Parthénon la forme triangulaire est aussi consubstantielle à la beauté du fronton que l'est à *Polyeucte* ou à *Phèdre* la loi des trois unités. Tandis que le fronton devient l'élément sculptural habituel au dorique, l'ionique (parfait à l'Erechtheion) ne porte d'autre sculpture qu'une frise continue.

Le fronton dorique et la frise ionique s'opposent alors avec cette netteté que mettaient les Pythagoriciens dans leurs tables de contraires : le fini et l'illimité, l'ordonnance et la répétition. La forme du fronton forçait à composer, à établir un ordre, à réaliser un peras. La frise ionique, c'est exactement l'apeiron, l'anneau qui n'a ni commencement ni fin. Même, pour un sculpteur, pour un Grec pénétré par l'esprit du dorique, il est probable que les deux homonymes apeiron, qui signifiaient l'un « sans expérience », l'autre « sans limite », n'étaient point semblables par un hasard et tendaient à se confondre.

Le problème sculptural de la composition se fond avec le problème architectural de l'équilibre. Les frontons réalisent sur le temple l'idéal de l'équilibre vivant : équilibre entre les deux frontons, équilibre, dans chacun, entre ses deux moitiés. La succession d'hommes nus et de femmes drapées rappelle le motif des triglyphes et des métopes, des colonnes et des entre-colonnements. Et si les femmes drapées prédominent, ce n'est pas, comme le dit Michaelis, parce que le temple est dédié à une déesse, c'est parce que le type de la femme vêtue a plus d'accent architectural, vibre mieux avec les éléments du temple, que celui de l'homme nu.

Il semble que le rythme du temple dorique soit double, et qu'il comporte deux nombres, trois et deux. On peut voir en effet dans le sens de la hauteur un rythme ternaire : trois degrés du soubassement, trois parties de la colonne (fût, échine, tailloir), trois registres de l'entablement, (architrave, métopes, frontons). Mais la dimension de la largeur est régie par un rythme binaire : colonnes et entre-colonnements, métopes et triglyphes, deux versants du fronton, nus et drapés dans la sculpture. Ces deux rythmes entrecroisés si simplement et si souplement, avec une flexibilité d'osier, font peut-être à l'architecture dorique sa plus musicale part de convenance et de vie. Or, aux deux frontons du Parthénon, le groupe central déclare déjà de façon saisissante le rythme binaire qu'un mouvement de haut en bas va prolonger jusqu'aux racines du temple : ce rythme symbolisé par ce décentrement, cette rupture apparente d'équilibre, qui oppose l'un à l'autre Athéna et Zeus à l'est, Athéna et Poseidon à l'ouest. C'est ainsi que la sculpture, nous montre avec plus de clarté, comme d'un doigt intelligent, à la fois cette géométrie vivante des lignes infléchies, et ce réseau des nombres simples, qui permettent à la raison de se retrouver toute dans l'émoi le plus délicat des sens.

* *

La frise de la cella outrepasse évidemment le sens et la pureté du dorique. Est-elle une innovation ? Se rattache-t-elle à ce génie d'invention intelligente que nous reconnaissons sur tout le Parthénon ? On ne sait trop. Dorpfeld a remarqué que des *regulae* avec des gouttes figurent, sur les faces est et ouest, au-dessous de la frise ionique, mais non sur les autres côtés, de sorte qu'on peut se demander si ce n'est pas en cours de construction que les architectes ont substitué la frise ionique à une frise dorique déjà commencée. D'autre part, une plaque du Musée de l'Acropole, représentant un dieu qui monte en char, est supposée appartenir à une procession des Panathénées qui aurait figuré sur la cella ionique du vieil Hékatompédon. (Furtwangler l'attribua à l'autel ancien d'Athéna.)

Quoi qu'il en soit, la frise continue qui fait le tour du mur introduit dans le temple dorique un élément d'ionisme. Ainsi le Parthénon dorique et l'Erechtheion ionique, paraissent, l'un face à l'autre, échanger un de leurs traits, et légèrement se toucher de la main, comme le vivant et le mort sur les stèles athéniennes : l'Erechtheion par l'âme dorique de ses Cariatides, le Parthénon par le bandeau ionique de sa frise. Cette harmonie des deux ordres que déclaraient, à l'entrée de l'Acropole, les Propylées, la voici vivante dans le geste aussi qui penche ces ordres l'un vers l'autre ; l'Acropole est leur maison commune, l'hymen de l'ordre mâle et de l'ordre féminin. J'ai pensé, quand j'abordai la colline bien travaillée, au lit nuptial, que, dans un tronc d'olivier sauvage, taille l'industrieux et le malin. Et voilà, par ces deux temples, les anciens et fidèles époux, que l'un sans l'autre nous ne comprendrons pas, et qui, de leur durable couche commune, ont, selon l'habitude, transposé sur leur visage une ressemblance mutuelle.

Cette frise, élément du nouveau dorique composé par Ictinos, celui-ci fit tout pour qu'elle s'incorporât exactement à la logique du temple. Son développement ininterrompu de cent soixante mètres répond, sur le secos, au plein continu de l'architecture, comme les métopes, sur le pourtour et au-dessus du péristyle, répondent au motif des pleins et des vides alternés.

Au Parthénon, la ronde bosse pesante des frontons charge la colonnade dorique qui est une « chose qui porte » comme l'âme est pour Descartes une « chose qui pense » ; mais le bas-relief léger de la frise convient au mur de la cella aussi bien et mieux encore qu'il ne convenait à la colonnade ionique, puisque le mur fait fonction apparente de clôture, non de portant. Comme une clôture a pour caractère la continuité, la frise dessine sur elle une représentation continue ; elle l'architrave en une place où l'aspect de mur domine.

Par cette continuité même, le genre de la frise exigeait un effet de suite et d'ensemble plus que de détail. Elle figurait un cortège, une cité en marche, non des individus. Ses files profuses, souples, indéfinies, manquaient évidemment de cette composition que les frontons idéalisaient. Aussi était-elle levée sur le péristyle, dans la lumière diffuse, presque à la limite du regard, de sorte que les yeux du corps la discernaient juste autant, et pas plus, que les yeux de l'esprit. Entendez-le, bien entendu, *cum grano salis*, car il est probable que si l'on eût trouvé, pour rendre la frise plus visible, un moyen, on l'eût saisi, quitte à sacrifier les avantages qu'il me plaît d'imaginer. À Bassæ, Ictinos, ayant fait le temple hypèthre, y avait

disposé la frise ionique pareillement continue, à l'intérieur de la cella, et en belle lumière. Mais aujourd'hui
la partie en place des Panathénées est devenue, sous le
jour qui ruisselle par la cella brisée, toute lumineuse au
matin, et c'est pour prolonger l'heure où je l'ai vue,
comme une fleur de l'eau sortir fraîche dans le soleil,
que peut-être j'écris ce livre.

Comme Phidias mettait son portrait sur le bouclier
d'Athéna, Ictinos et Périclès avaient voulu que cette
frise des Panathénées indiquât sur le Parthénon le
visage vivant d'Athènes. Pour la première fois peut-être
la sculpture illustrait un temple non seulement par
l'histoire des dieux et des héros, mais par la vie présente
de la cité. C'est ainsi que dans les *Perses* d'Eschyle la
tragédie n'avait pas hésité à prendre dans Athènes
même le morceau d'existence divine que sa fonction
était de représenter aux Dionysiaques. On évoque l'apothéose de Venise au palais des Doges, celle de Louis XIV
dans la Galerie des Glaces. Mais, à chaque fois la Némésis veille, le mauvais destin vient toucher l'épaule de
l'orgueil à son zénith, et le jugement des tribunaux
d'Athènes sur Phidias, le sort le porte sur Athènes et
sur Venise et sur le grand roi : c'est le désastre de Sicile
c'est le triomphe du commerce portugais, c'est Blenheim
et Ramillies.

Et cependant, ici encore, cette innovation d'Ictinos,
cette présence de la cité sur les murs du temple, cette
libre procession d'Athéniens dans laquelle les dieux
assis ne siègent que comme des invités, ne prennent-
elles point encore place dans la logique du Parthénon,
et ne le conduisent-elles pas à son intelligente perfection ? Il semble que la frise, rangée sous le péristyle,
ait transfiguré le péristyle, lui ait donné un sens plus
spirituel et plus fin, au moment même où, diminuant
de largeur, il perdait de sa matière. Le péristyle est là,
non à vrai dire pour un afflux de peuple, mais au moins

pour qu'une circulation humaine l'anime. Ce n'est pas un portique public, mais l'homme n'y est pas déplacé. Certes le temple grec représente la maison du dieu, mais d'un dieu qui tout en conservant les distances se mêle à nous. Voyez un temple d'Egypte, Edfou, par exemple, un colosse autoritaire, inacessible aux regards, obturé par de hauts pylônes et par des murailles droites qui écrasent, comme un pied sur des fourmis, le misérable village de boue. Maison orientale, despotique, fermée, de la divinité, comme la Pyramide est la maison du mort, le Seraï celle du prince. Mais la maison du dieu grec semble, dans le mouvement de la cella, se retirer vers l'intérieur pour laisser une place au péristyle public, humain. Par sa colonnade elle s'étend vers l'homme, par son fronton sculpté elle se penche sur lui ; des offrandes sur ses marches paraissent la surabondance des trésors qu'elle enferme. Maison d'un dieu grec, qui comme ses fidèles, vit au dehors, dont la fonction est de figurer parmi les hommes, comme les dieux d'Homère et ceux qui se tiennent assis à la frise des Panathénées. Le temple, sur sa colline, fait autant un spectacle pour l'homme qu'une demeure pour les dieux :

> *Moi, le temple, je suis législateur d'Ephèse*
> *Le peuple, en me voyant, comprend l'ordre et s'apaise.*

Vérité socratique et platonicienne, et beauté qui fleurit dans la joie de se répandre. Au Parthénon, maintenant, nous savons que quelque chose eût manqué, si la frise, si l'image vivante d'Athènes ne lui avait donné, sur un cœur divin, une ceinture d'humanité.

*
* *

Le temple grec, comme le visage de l'homme, avait ses couleurs. C'est sur le visage que la nature a mis l'incarnat des lèvres, le rose des joues, le bleu des yeux, la flamme blonde des chevelures. Ainsi le temple ne porte de couleur qu'à son entablement. Cette couleur n'était jamais placée sans raison. Au Parthénon le fond bleu, probablement, des frontons, poussait la sculpture en avant pour le regard ; le fond rouge des métopes buvait l'ombre portée de la corniche ; le bleu des triglyphes les faisait au contraire saillir sur la ligne de la frise ; la peinture des draperies laissait mieux ressortir les nus ; les accessoires en métal doré mettaient, sur le monument des trésors, comme une rosée d'or, et préparaient le regard à la précieuse Athéna de l'intérieur. Ainsi l'entablement appuyait sur les colonnes non seulement par le poids de son marbre, mais par celui de ses rouges et de ses bleus, de ses couleurs riches et denses. Ces couleurs du Parthénon sont d'ailleurs le reste, choisi avec discernement, d'une décoration polychrôme qui se répandait plus intempérante sur les temples archaïques. Il fallait bien laisser voir comme une charpente apparente et saine les grandes pièces de marbre, la robustesse des colonnes, et l'on se fût gardé de peindre, comme en Sicile l'architrave.

Sur la teinte que gardait ou prenait le marbre, je voudrais bien que nous fussions plus exactement renseignés. Conservait-on au pentélique sa blancheur neuve, éclatante et crue, ou bien recevait-il la ganôsis des statues, cette application d'une pâte faite d'huile de nitre, de cire et d'un certain parfum qui donnait à la pierre des tons savoureux et chauds ? Il est probable que le Parthénon modelé du haut en bas comme une statue, a, sur son marbre vif, reçu cette patine qui l'humanisait, le revêtait d'une peau vivante et dorée : de sorte que, comme si sa substance faite de durée allait au-devant du temps, il portait déjà pour un Grec cette teinte de moisson mûre que les siècles ont incorporée à sa ruine. Un Grec, dans le corps de ces colonnes devait reconnaître celui de ses athlètes. Il tournait en ridicule les chairs blanches des Barbares, vêtus de longues robes qui avaient honte de se montrer nus sous le soleil : peut-être nos statues de marbre cru lui eussent-elles causé la même impression. Mais en Grèce la chair masculine, même chez les enfants, tenait du plein air et du gymnase, de la poussière et de l'huile, une couleur brunissante et saine, qui semblait fixer plus solidement la patine de l'homme méditerranéen.

Cette conclusion de la sculpture à l'architecture, à vrai dire nous ne la trouvons pas dans les textes, mais il est bien des traits plus essentiels du temple grec que les monuments nous révèlent et dont les textes ne nous disent rien. Pourtant je rappellerai que la physique de Platon et d'Aristote expliquait le blanc par une dilatation due à un souffle. Le blanc pur excluait donc la sensation ou l'idée de compacité. Me reprochera-t-on une subtilité excessive si j'allègue que Platon, dans le *Théétète*, voulant montrer, provisoirement, que la couleur est un mouvement qu'elle n'a pas d'existence fixe, prend pour exemple le blanc, couleur qui sans doute lui vient la première à l'esprit quand sa réflexion porte sur le non-être ? La lumière de Grèce lui donne raison en dévorant le blanc par son intensité. Aussi demeuré-je, jusqu'à preuve du contraire, persuadé que le marbre recevait un enduit, qui y coulait de la solidité, de l'être, et cela sans doute à partir du soubassement lui-même. L'opération allait fort bien avec celle des cannelures et des ravalements sur le tas. Mais à l'époque romaine, quelques siècles avaient suffi pour qu'une patine naturelle, analogue à celle de la cathédrale de Milan eût remplacé cette patine de l'art, et l'eût rendue, au Parthénon, inutile, tombée d'ailleurs qu'elle était, pour les édifices neufs, en désuétude.

*
* *

Un principe de notre architecture moderne veut que l'extérieur d'un édifice traduise déjà sa distribution intérieure. Ce principe, de l'art religieux gothique, qui l'applique dans toute sa pureté, il est passé dans les bâtiments civils. En Egypte, en Orient, règne le principe inverse : un palais des *Mille et une Nuits* se dissimule, à Damas, par le même mur lépreux qu'un taudis ; derrière ses pylônes et ses murs est caché le temple égyptien, et dans le temple même la demeure du dieu est tapie dans une salle basse. Le temple grec ne rentre ni dans l'une ni dans l'autre logique. Il se déploie à l'extérieur, mais cet extérieur revêt l'intérieur sans l'indiquer, il en demeure, par sa structure, à peu près indépendant. Et il semble qu'entre l'extérieur et l'intérieur les Grecs aient cherché non comme les gothiques une correspondance, mais bien au contraire un effet de contraste, un parti franc d'opposition.

Opposition que l'on peut décomposer ainsi : l'extérieur est la maison de la lumière, l'intérieur celle de l'ombre ; à l'extérieur la sculpture est une décoration qui souligne l'architecture ; à l'intérieur l'architecture est subordonnée à la statue, qu'elle met en valeur.

Il ne manquait pas de temples où la lumière tombait du plafond par une ouverture. Si c'était le cas à Olympie, il est presque certain que les salles du Parthénon ne s'éclairaient que par les portes. La porte de la cella, par ses dimensions, donnait, au matin, en s'ouvrant, assez de clarté : le soleil qui montait de l'Hymette frappait de face toute la statue. Mais les heures suivantes la rendaient à l'ombre, au mystère, à tout ce qui, pour le regard du visiteur, favorisait les trésors profus et la coruscation de l'or. Le hibou de Pallas habitait ces ténèbres et veillait. Les murs n'éclataient pas comme les mosaïques d'une église byzantine ou les verrières d'une cathédrale gothique. Des parois rutilantes eussent éteint la statue centrale. Probablement ces parois étaient peintes en rouge sombre. de sorte que par cette obscurité des fonds le temple fût élargi, que le jour en venant des bords s'accrût, et convergeât vers le colosse d'ivoire. On comprend alors sur la tête de la Vierge debout la fonction du casque, montagne d'orfèvrerie et de pierres précieuses : il condensait la lumière, au-dessus des trésors qui plus bas, détours d'un fleuve crépusculaire, l'écoulaient.

De là l'opposition de l'architecture intérieure avec celle de l'extérieur. L'hypostyle intérieur, qui est l'aboutissement de toute l'architecture égyptienne, ne rentrait pas dans la logique du temple grec. Quand les dimensions réduites permettaient, comme au Theseion, de se passer de colonnes, on se gardait d'en mettre. Dans un grand temple, la charpente exigeait, entre les murs, des appuis. La colonne dorique simple était impossible. L'ombre eût annulé le chapiteau ; l'architrave, sur le plan continu du plafond se fût détachée insuffisamment ; l'œil n'eût pas vu la colonne assez chargée, et si une colonne dorique n'apparaît pas à plein dans ses fonctions portantes, mieux pour elle vaut ne jamais naître. Les Grecs trouvèrent une solution d'une simplicité, d'une élégance parfaites, comme on en peut juger au seul temple où l'ordre intérieur soit conservé, celui de Pœstum. Ils dédoublèrent la colonne. La colonnade inférieure porta son architrave proportionnée de marbre. et, dans l'axe des colonnes, sur cette architrave, une colonnade plus petite se superposa. qui soutînt le plafond. L'œil, ayant vu une fois la colonnade dorique architravée, portante et normale, était satisfait : il n'exigeait pas des petites colonnes du haut la même fonction ; il les voyait réduites, de la taille qui convient pour porter ces poutres de bois sculpté, dont le poids n'équilibre pas au regard celui du marbre.

Le plafond écroulé de Pœstum, le temple repris par la lumière ne nous permettent pas d'apprécier l'effet que cette partie devait produire dans la pénombre. Dans cette pénombre, sans doute. les colonnes intérieures paraissaient très grandes. On eût dit que l'obscurité, comme une eau subtile avait dédoublé chacune et que leur reflet, sous le vague doré du plafond, flottait. Les colonnes paraissaient très grandes, la déesse paraissait plus grande encore, plus grande de leur dédoublement même. Ainsi que les « ailes » du péristyle allégeaient et soutenaient le temple les colonnes dans la cella superposées mettaient comme un voile indéfini de cannelures autour de la statue et la désignaient colossale par ce fait que, pour parvenir à sa hauteur. un ordre devait relayer l'autre.

A l'intérieur, le renforcement des colonnes d'angle pas plus que l'inclinaison des axes n'aurait eu de raison. L'obscurité, non la lumière, commandait à l'artiste. Pour faire tourner la colonnade derrière la statue, pour dessiner les angles, un grossissement de la colonne, à moins d'être lourdement exagéré, n'eût pas suffi. Ictinos remplaça aux deux coins, dans les deux ordres, la colonne par un pilier carré qui posait une limite nette, écartait l'ombre comme une proue. L'œil était averti de ne rien chercher derrière la déesse, de voir en elle la fin et la raison du temple.

Athéna, debout, voyante et vigilante, s'harmonisait avec la sérénité lucide, agile, du Parthénon, comme Zeus, assis sur son trône dans l'attitude qui faisait inébranlable son torse d'ivoire, s'accordait au massif et trapu temple d'Olympie. Elle était là non seulement comme la gardienne de la cité, mais, par ses huit cents talents d'or, comme son trésor de guerre ; non point l'intelligence de loisir, mais l'intelligence armée dont la lance tout à l'heure allait sonner sur le marbre, et qui, ayant coupé pour la fixer sur son égide la tête de la Violence et du Désordre, entre le serpent vigilant de la terre et le hibou patient de la nuit, portait dans sa main la Victoire ailée. Et les ténèbres du temple intérieur, par elle, vivaient, comme les lignes humaines du temple, dans le soleil, au dehors, respiraient. Sous le casque où, de chaque côté d'un sphinx immobile, deux chevaux en galopant

Intérieur de Temple Dorique avec les ordres superposés
(A Pœstum)

partaient, la géométrie et la vie venaient se fondre et devenir pensée divine, symbolisées, eût-on dit, par l'ivoire et par l'or : son ivoire, le ruisselant métal et les pierreries le brûlaient comme un flambeau de cire.

L'association du dorique et de l'ionique figurant le motif original de toute l'Acropole, il était nécessaire qu'après l'avoir trouvé sur le dehors du Parthénon, l'œil le rencontrât au dedans. Au péristyle la frise ionique formait un bandeau intérieur, un mode mineur auquel le regard, venant de l'entablement dorique extérieur, passait avec détente. Dans le temple, la salle qui faisait suite au naos, mais séparée de lui par un mur et n'ayant d'entrée que du côté de l'opisthodome, était le Parthénon proprement dit (le sens exact du mot n est pas élucidé). Quatre colonnes ioniques y soutenaient le plafond. Ici encore, il est probable qu'il y avait une innovation d'Ictinos, par Mnésiclès aux Propylées reproduite bientôt avec plus d'ampleur. Extérieurs, l'ordre dorique s'accordait à la partie divine et légendaire de la sculpture, la frise ionique à sa partie athénienne, aux Panathénées vivantes. Pareillement, dans l'intérieur, les colonnes doriques soutenaient la grande salle de la déesse, les colonnes ioniques paraissaient convenir à la partie domestique du temple, celle où peut-être les jeunes filles employées au service d'Athéna brodaient tous les quatre ans le voile de la procession. Ainsi, dans la cella comme sur elle, l'ordre ionique s'associant à la présence de ce voile, le secret du Parthénon fut que s'en insinuât sous son marbre la jeune, la légère, l'ondulante souplesse, et que le temple parût, lui aussi, de son cœur à ses colonnes, de ses colonnes à ses figures vivantes, tissé du dedans par d'invisibles vierges.

*
* *

A l'aube, avant que l'Acropole s'ouvre, regardez, du pied de la colline, du côté de la fontaine Clepsydre, ces croupes de pierre rose, découpées et creusées des eaux, et que soulève un mouvement tourmenté, chaotique encore. En bas elles demeurent lourdes, serrées les unes contre les autres, blocs engourdis de matière en multiplicité ; puis il en est qui ressemblent à des torses mutilés que déjà modèle la courbe d'un effort. Plus haut, après un palier où cette aspiration de pierre prend haleine, voici que leur mouvement s'apaise et s'ordonne : des grottes lisses, polies par la lente méditation des eaux, y creusent de vagues intérieurs d'âme où la pierre est humanisée. Mais cet élan de puissances grossières, cette ondulation pesante des formes rocheuses ne montent que pour supporter l'ordre qui s'impose à leur matière et qui la prend pour piédestal. Sur ces corps confus de géants que la lance d'Athéna renversa, les murailles de Thémistocle lèvent à pic leur jet vigilant de pierre fauve. En elles s'entassent les tambours de colonnes, les débris des temples que le Barbare abattit et le vouloir de la matière tendue vers l'être s'y confond avec la rudesse et la ruine d'une forme déchue. Ces murailles vivent pour l'Acropole qu'elle gardent, et leur élan fidèle maintient l'âme des colonnes doriques en morceaux dans leur membrure.

A l'ouest, les lignes du rocher s'adoucissent et se reposent. Il consent à la montée humaine comprend ce qui doit l'achever, accepte les Propylées comme une première couronne. Il m'évoque cette métope du Parthénon où le Centaure, au lieu d'enlever brutalement le jeune Lapithe dont la beauté le séduit, lui tend la main en abaissant sa croupe, pour que de lui-même il y monte.

Pas de matière qui ne soit que matière, ni où déjà une ligne de forme ne s'esquisse. La terre sur laquelle le Parthénon repose, un autel y fait reconnaître la divinité de la puissance germinatrice. Lorsqu'Aristote veut expliquer que toute matière est forme pour une matière inférieure, c'est l'exemple du marbre qui lui vient naturellement à la pensée, et non par un hasard, mais parce que le marbre de l'architecte et du sculpteur est en effet le lieu précis et clair, le corps transparent de la matière en tant qu'elle devient forme.

Sur le rocher, taillé du fer, où la forme partout s'éveillait, les fondations du Parthénon passaient à la clarté par leur assise de réglage : à fleur de terre, comme d'une graine qui germe, voici la première courbure de la vie, celle qui va se transmettre à tout le temple. Les trois degrés émergent, s'élèvent, se rétrécissent, et le premier, qui suivait la terre, fait place, en une étape, au stylobate que suivent les colonnes. Leur dimension ne les destine point au pas humain, mais à ce pas immatériel du regard qui se confond avec le pas des dieux.

Sur la forte base qui s'est préparée sans hâte à porter son fardeau, commence l'ascension des supports. Tandis que celle des degrés, captive de la matière, était dispersée et retenue par la largeur, ici, l'idée intelligente et souple de la montée se détaille par les colonnes, et, comme la lumière dans un prisme se décompose et s'explique par les cannelures. Les cannelures conduisent l'œil ainsi que la suite des hexamètres épiques conduit l'oreille, grâce au rythme et grâce au groupe. Les colonnes figurent dans le temple comme, en la cité, le travailleur manuel, qui participe à la pensée dans la mesure où il la permet, avec le loisir, à l'homme libre. Du stylobate à l'entablement, des assises de pierre nue au peuple sculpté, leur assemblée ordonne la transition exacte, pierres taillées encore, personnes humaines déjà. Par trois arêtes circulaires la colonne se ceint au moment décisif. Dans l'échine elle devient toute, pour son travail, effort et tension, et, dans le tailloir, pour tenir l'architrave elle en épouse la forme rectangulaire ; elle y dépasse l'architrave moins peut-être afin de le porter plus carrément (songeons à l'évidement qui à l'âge classique reporte le poids sur le centre) que pour établir un reposoir, marquer une étape, jeter, en un bref arrêt un regard — le nôtre — sur l'espace parcouru.

Après ce palier commence le second étage, l'ordre nouveau qui reproduit dans un mouvement plus rapide, plus conscient plus intelligent sur un registre humain, la montée de l'ordre inférieur. L'architrave est le soubassement de cet ordre d'en haut. Dans l'architrave, la quantité d'énergie puisée par les colonnes au stylobate, et fidèlement transmise, se retrouve intacte, et la robustesse de la poutre de marbre le fait bien éprouver à l'œil ; mais cette force nous sentons qu'en persistant elle se libère de l'espace par sa condensation, du temps par sa simplicité, du nombre par son unité. Le soubassement était une architrave en puissance, l'architrave est un soubassement en acte. La frise dorique répond à la colonnade. L'architrave comme le soubassement était faite d'un même élément continu ; la frise comme la colonnade est faite des mêmes éléments répétés, et dont la fonction là-haut n'est plus de porter, mais de vivre. La répétition des triglyphes se détend sans changer de nature dans la répétition des métopes où simplement un même motif est diversifié, où la sculpture est captive encore de la décoration architecturale, où la forme humaine est prise dans un ordre qui la commande. Le larmier est à la frise ce que sont les chapiteaux à la colonnade : une transition, à la fois toit pour la frise et piédestal pour le fronton ; par les mutules il suit le détail des triglyphes et des métopes ; par sa tranche horizontale il étend sur la frise l'unité d'un tailloir continu. De sorte qu'une dernière fois le motif du support est rappelé, entre le plan humain de la frise et le plan divin du fronton.

La marche de la matière à la forme est faite jusqu'ici de trois étapes, dont chacune se décompose en trois mouvements : trois degrés du soubassement, puis fût, échine, tailloir, puis architrave, frise, larmier ; chacune

Le Parthénon (vue d'angle)

est le but, la fin, la forme de celle qui la suit, l'instrument, le moyen, la matière, de celle qui la précède ; chacune, sauf une, le larmier, ligne d'architecture sans existence par elle-même, existante seulement en tant qu'elle forme un côté du triangle décisif dont les deux autres côtés surmontent et surplombent tout le fronton. Par ce triangle, le rythme ternaire n'accompagne plus une procession, il embrasse une définition. Il ne règle plus un mouvement, mais il inscrit dans la figure élémentaire de la géométrie l'arrêt de ce mouvement. Depuis le soubassement d'où l'assise de réglage transmettait la courbure, par toutes les lignes incurvées ou inclinées de son architecture, le temple nous apparaissait comme un mouvement, une harmonie et un poème de mouvements. Mais le mouvement, selon Aristote, ne peut avoir indéfiniment sa raison dans le mouvement. La fin de la métaphysique aristotélicienne se formule dans la théorie de Dieu, celle du temple grec s'exprime par le fronton. Toute forme jusqu'ici, participant au mouvement, en impliquait une plus parfaite au-dessus d'elle. Au fronton le mouvement s'arrête, la perfection est atteinte, la forme pure est réalisée ; le regard ne monte plus, mais il se fixe, par ce triangle, dans l'ordre de la vie divine.

Le fronton est porté sur le temple. Tout le temple vit pour lui, se meut vers lui, aboutit à lui. Mais la sculpture du fronton, isolée sur son fond d'azur par la triple corniche, paraît ignorer le temple et ne vivre que pour elle, dans les deux scènes religieuses qui ont, pour théâtre, l'Attique à l'ouest, l'Olympe à l'est. Au-dessus de cette pensée étagée et successive qu'est le temple, de cette pensée en mouvement, de cette pensée qui pense un but, voici la pensée qui ne pense qu'elle, la pensée de la pensée.

Tout le temple figurait, à quelque point de vue, une sculpture, parce qu'il n'est pas de matière qui n'admette quelque forme. Le fronton est le domaine de la sculpture pure, déployée, en acte, et cependant il est la fleur suprême, logique, nécessaire, de l'architecture. « Le temple, dit un ancien, fût-il construit dans l'Olympe où la pluie est inconnue, aurait pour couronnement un fronton. » Quelle admirable formule de son sens idéal ! Le temple est né des nécessités empiriques les plus humbles, celles de la construction en bois, et, de même que sa substance s'est solidifiée en pierre, durcie en marbre, sa probité s'est d'elle-même, pour l'esprit, tournée en vérité éternelle, son architecture, comme une lyre docile, rend les harmonies d'une suprême métaphysique. Le fronton est né du comble à deux versants, du toit qu'inspirent aux Doriens un ciel d'eau froide, dans les montagnes, une saison ingrate, le dénûment de l'homme et son effort industrieux. Mais elle était présente, celle qui, sur l'Acropole, quand le potier et le marbrier viennent à elle, reçoit leur offrande, idéalise leur labeur, Athéna Erganè. Le fronton, né de la nécessité, devient le signe et la demeure de la divinité. Et si le temple, dans l'Olympe lumineux et sans pluie, dans la demeure des dieux heureux, aurait son fronton, c'est qu'il faudrait bien à ces dieux, pour être ces heureux, le miroir de l'intelligence ; que ce miroir, là-haut comme ici, serait un fronton de temple, et que le fronton d'un temple signale avec exactitude, sur le monde qui conçoit l'ordre et veut la loi, la présence et le poids de l'Olympe régulateur.

Au fronton principal du Parthénon, la naissance d'Athéna équilibre par le marbre et par le langage de la sculpture le douzième livre de la *Métaphysique*. Des chevaux surgissants d'Hélios à l'attelage, qui décline, de Sélèné, quelle ampleur ! quel espace ! l'Olympe entier ! et, des deux angles au centre, deux passages qui paraissent idéaliser encore la progression vers la forme, ces figures dans les coins, vues seulement par la tête et les épaules, puis couchées et qui se relèvent, puis assises et qui se tournent, et puis celles du milieu, les grandes

Chapiteaux architrave, frise de métopes et triglyphes, cymaise

divinités debout ! Mais l'apparence seulement, oui, de cette progression, et, dans des attitudes diverses, les mêmes formes, partout, de la jeunesse, de la perdurable sérénité. La poitrine du Soleil, au-dessus des flots qu'il surmonte, est large et tendue, fleurissante et trempée, comme celle d'Héphaistos qui vibre encore du coup formidable que le bras vient d'abattre. Dans ces demeures divines nous reconnaissons le lieu de l'acte pur. L'ordre, la logique, la puissance de la composition sont telles que la faiblesse de notre regard, sa matière et son imperfection, son besoin de durée, nous obligent seuls à discerner là des moments, et qu'à une vue plus intelligente que la nôtre le fronton apparaîtrait dans l'unité d'un organisme, d'un acte. Il est tout entier ceci : la naissance de la Pensée. Elle vient de surgir, sans enfance, sans progression, sans passage de la matière à la forme : sonnante de ses armes, chérie de son père qui pose sur elle, comme un rayon dans un cristal, son clair regard contemplateur. Non naissance dans le temps, mais naissance éternelle ; matin limpide, hors du jour et qui ne s'achemine pas au soir ; statut de l'intelligence première, mais totale, que le besoin n'engendre pas, que l'habitude ne détend pas. Ce groupe suprême du Parthénon, il a disparu le premier, à l'époque byzantine déjà, et quelques fragments, dont le torse d'Héphaistos, avec une esquisse précieuse, à Madrid, nous permettent seuls d'en concevoir une idée incertaine. Tout au moins ressort-il de l'examen du fronton vide que le centre était occupé par deux figures de hauteur égale, Zeus assis et Athéna debout ; et qu'avons-nous besoin d'autre chose pour y placer, l'un face à l'autre, l'intelligence et l'intelligible ?

*
* *

Si la vie, en d'autres planètes, atteint des formes plus parfaites que les nôtres, je n'en imagine pas de supérieure à celle que réalise le temple. J'y vois la statue d'un vivant

qui a dû exister ou existera. Voici les trois éléments de
la vie : les membres qui sont les colonnes, la tête qui est
le fronton, le tronc qui est la cella. Platon, songeant à
l'homme, remarque que le nombre des supports qui
appuient un animal sur le sol est en raison de sa bestialité,
de sa matérialité. Il dit vrai, et pourtant comme le
temple dorique nous laisse une impression opposée !
C'est que ces supports nombreux, ce peuple de colonnes,
au lieu d'alourdir lèvent le temple dans une onde vivante
de mouvement, et que, si chaque colonne, individuelle,
fait un support, la colonnade forme une aile. Deux
colonnes frontales de plus, par l'octostyle, allègent le
temple, élargissent son front. En multipliant autour de
lui les colonnes, le temple multiplie le mouvement qui
l'élève, et non, comme le corps animal, la nécessité qui
l'appesantit. Aussi, sur les colonnes, ce qui appuie n'est
pas, ainsi que chez les animaux terrestres, le tronc, le
réservoir de nourriture et d'air, le magasin nécessaire
que le vivant doit traîner avec lui comme la rançon du
mouvement. L'équivalent du tronc est séparé du reste,
placé, au milieu, dans la cella, et, comme à Ségeste, le
reste peut subsister sans lui. Sur les supports, signe d'agilité, un corps ne pèse point, mais un front seulement se
pose, un front immense, et qui pense, l'aigle sur les ailes,

Cette figure du mouvement, un animal terrestre, lui
aussi et autrement, la réalise. La fin de l'homme, dit
Aristote, est de penser, comme la fin du cheval est de
courir. Mais la pensée, sur le temple, n'est que le tournant, la fleur, et la transfiguration du mouvement. On
a appelé la cathédrale de Reims la cathédrale des anges,
parce que des statues d'anges s'y retrouvent partout ;
mais sa façade elle-même, du haut en bas ne nous paraît-
elle pas une forme architecturale et stylisée d'ange,
l'ange du gothique, avec l'élan de ses gâbles sur ses porches,
les tours jumelles, légères et justes, qui, pareilles à deux
longues ailes, ne l'immobilisent qu'un instant, toute

pensive et fine ? Ne pourrait-on de même nommer le Parthénon le temple des chevaux ? Ils sont partout, avec les Centaures des métopes, la cavalerie déroulée de la frise, le fronton de l'Est encadré entre les chevaux d'Helios et ceux de Sélènè, au fronton de l'Ouest le groupe central pris entre deux magnifiques attelages, celui que dompte Athéna et celui qui mène Amphitrite. Les anges à Reims et les chevaux au Parthénon tiennent une place analogue. Les anges sont placés dans les édicules des pinacles, sur les piles des arcs-boutants, partout où leur forme élancée, gracieuse, ailée, s'accorde à l'élan de la cathédrale vers la hauteur (arrêté, puisque les flèches manquent). De même les chevaux sur les métopes du Parthénon accompagnent, soulignent, animent l'horizontale. Est-ce un hasard ? Non. Comme la forme de l'ange semblait faite à souhait pour exprimer le gothique charmant et déjà fleuri de la Champagne, cette abondance de chevaux met dans toute la sculpture du Parthénon le mouvement terrestre, la fluidité, l'ondulation selon lesquels son architecte, des racines au fronton, l'a pensé.

Ces veines, que sur le ventre des coursiers le sculpteur rend avec précision, me paraissent les veines mêmes du marbre vivant, devenues saillantes et plastiques, et mêlées pour le mouvoir à toutes les lignes du temple, lignes inclinées ou lignes qui penchent. Sur la statue d'ivoire, la fulgurante et sûre pensée d'Athéna ne jaillit pas autrement de ses tempes que par le galop de deux chevaux d'or. Mais, comme l'œuvre de Reims, du parvis aux tours sonnantes, lève l'ange qui descend du ciel, tenant l'ampoule sainte dans sa main, le Parthénon lui-même évoque, plus haut que son peuple allégorique de chevaux, cette forme magnifique du Centaure où l'imagination grecque a fondu dans une idée de vitesse, d'audace, de libre nature, le mouvement de l'intelligence : les quatre pieds, rivaux de l'aile, et faits pour bondir ; la poitrine humaine, tendue en lyre, et qui s'élargit dans l'air glacé, le buvant formidablement ; la tête ardente comme une aurore, et qui s'ébroue, et qui, des cheveux sombres, secoue, comme un lambeau de nuit d'où les étoiles tombent, les feuilles mortes du sommeil sylvestre ; les bras qui bandent l'arc et savent, par la flèche fine et sûre, aiguille de la pensée, prévenir l'élan des quatre pieds et le vertigineux galop... Symbole qui nous aide un instant, et s'efface ! Le temple est un vivant qui ne ressemble qu'à lui-même.

Il ne ressemble qu'à lui-même ; mais cette ressemblance de lui-même avec lui elle est en lui comme une harmonie de son être. Avec ses deux frontons, son double visage, il se suffit, il se connaît, il s'aime lui-même, il se meut en lui-même, il se pense lui-même, encore pensée de la pensée. Dans le *Banquet*, le mythe d'Aristophane imagine un monde suprême, avec de tels êtres doubles, qui dépassent l'Amour, ce mélange de puissance et d'acte, ce fils de Penia et de Poros, parce qu'ils enferment, dans le cercle de leur dualité, tout ce que cherche l'Amour, et qu'ils symbolisent déjà l'acte pur du Stagyrite. Alors ce mouvement du temple, qui est son âme, se compense et s'ordonne ; il rejoint, par un détour intelligent, l'immobilité ; il devient l'équilibre. Nous n'avons traversé l'image du mouvement que comme Thucydide a suivi les détours et la durée de l'histoire, pour parvenir à la chose de toujours.

Intérieur du Parthénon

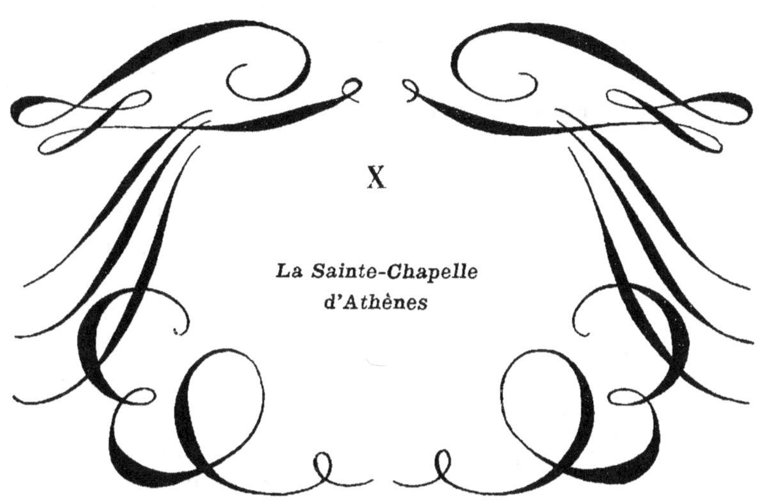

X

La Sainte-Chapelle
d'Athènes

Il est pour nous deux Acropoles, ou, si l'on préfère, il est fructueux d'en discerner deux, moins pour doubler notre plaisir que pour mettre à sa racine cette liberté, ce choix. Mais pour les Grecs aussi deux Acropoles existèrent ; deux conceptions de l'Acropole se rencontrèrent dans leur esprit en un beau duel bien vivant, et toutes deux rentreraient assez bien dans les lignes des deux nôtres. Je les appellerai une Acropole logique et une Acropole chronologique. L'Acropole logique, celle de la raison, de l'ordre, de la grande rebâtisse à neuf, fut l'Acropole péricléenne : un ensemble intelligent où tout épousa réellement le rocher, mais où par la merveille et la fleur de la « correction optique », ce fut le rocher qui parût préparé pour les monuments, le piédestal pour la statue. L'acropole chronologique, elle impliquait une soumission plus docile à ce qu'imposait le passé, à ce que proposait l'heure : conserver les emplacements anciens, même les monuments que l'incendie n'avait pas tout entiers détruits, rester fidèle au hasard qui avait tout entassé, consentir au hasard qui entasserait encore, laisser à la colline son caractère religieux, archaïque, de magasin confus et riche, sa plasticité vivante, tel fut le mot d'ordre du parti conservateur. Pour les uns tout devait sur l'Acropole être disposé en vue de cinq monuments essentiels : les Propylées, le Parthénon, l'Erechtheion, l'Athéna de bronze et le grand autel. Pour les autres, il fallait que tout repoussât, comme l'olivier sacré, selon l'irrégularité primitive. Et peut-être le débat dépasse-t-il l'Acropole d'Athènes. Peut-être l'idée de Périclès, lorsqu'il songeait à ce congrès panhellénique qui eût décidé sur la reconstruction des temples abattus par les Barbares, était-elle de proposer aux Grecs du Nord (le Péloponèse n'avait pas été touché par l'invasion) une sorte de grand programme d'architecture, développement magnifique et réglé, sur l'Hellade, de la vie esthétique. La guerre du Péloponèse qui pouvait être évitée, et dont Périclès se décida d'ailleurs, plus tard, à devenir l'un des auteurs, a tué en Grèce l'architecture religieuse, et l'Acropole de Périclès, qui promettait, comme le Saint-Denis de Suger, une école, fut un arrêt, une conclusion, une fin.

Une fin elle-même inachevée. Les Propylées furent arrêtés à la fois par les dépenses de la guerre et par l'opposition des sanctuaires qu'ils prétendaient entamer. Et à l'Erechtheion paraît être échue une fortune plus singulière encore.

La grande Acropole terminée n'exista jamais que dans la pensée de Périclès, de Phidias, d'Ictinos, de Mnésiclès, d'Anaxagore. La colline devait garder seulement, visible et mobile, le magnifique dessein, dans une enceinte qui, pareille à celles de Delphes ou d'Olympie, s'encombra de statues, d'édifices, d'offrandes, et que la vanité des Macédoniens, des princes d'Asie, des particuliers, des Romains

L'Erechtheion

fit déborder de matière, de mauvais goût. J'en vois de clairs symboles dans ce qui advint à l'architrave du Parthénon quand Alexandre la chargea de boucliers dorés pour commémorer la victoire du Granique, puis à la ligne pure et droite des remparts quand, dénaturée par les ex-voto d'Attale, elle dut ressembler vaguement au parapet du pont Saint-Ange sous les figures du Bernin.

J'ai dit qu'à l'Erechtheion allait échoir une fortune singulière. Ce petit groupe de sanctuaires si précieusement accolés est peut-être le seul monument du monde qui réalise ce paradoxe ou plutôt cette beauté dernière : pousser la grâce à sa plus flexible douceur, et cela, non seulement sans qu'y affleure le moindre soupçon de mignardise, mais encore en donnant à l'esprit la nette idée qu'il occupe l'opposé de toute mignardise. L'architecture ionique, féminine, est ici la sœur du dorique ; mais il y semble qu'elle idéalise ce type même de la sœur avec la robustesse et la santé morale d'une Antigone. Lorsque d'Athènes actuelle, des petites rues montantes, nous levons les yeux vers l'Acropole, c'est l'Erechtheion seul qui, posé calmement et souplement sur ce bord du plateau, nous apparaît. Il n'est pas, comme les deux grands édifices doriques, incliné un peu vers nos souvenirs de Sicile et de Pœstum, il fait sa marque propre à notre vision de l'Acropole, et nos nuits attiques ne nous reviennent pas sans son croissant léger de lune.

Ce côté de l'Acropole, que fleurit l'Erechtheion, est celui des légendes anciennes, et de cette Attique en belle humeur qui rit si sainement dans les visages du monstre à trois têtes. Voici les escaliers où les petites filles arrhéphores descendaient, sous un fardeau mystérieux qu'elles ne devaient pas regarder. Voici le coin où la Myrrhine de *Lysistrata*, une « jaune », trahit la grève et donne son rendez-vous. Toutes ves vieilles divinités devaient être d'ailleurs fort indulgentes à l'amour, et l'on comprend que Pan y ait demandé sa place quand il arrêta, sur un chemin d'Arcadie, après Marathon, le coureur Phidippide qui revenait de Sparte. Encore maintenant je vois toujours ici des troupeaux de chèvres qui grimpent, un bouc au regard futé qui paraît le génie du lieu, une petite vieille alerte qui escalade les rochers aussi allègrement que ses bêtes.

La description de Pausanias nous montre dans l'Attique un tel foisonnement de temples, de tombeaux, de monuments sacrés, que tout ce pays devait paraître singulièrement imprégné de religion, la terre prendre de la religion forme et vie : et l'ancienne France aussi en présentait, dans le Laonnais ou la Touraine, de ces terres chargées, précieuses, ouvragées. Le sommet, ici, la somme minuscule de cela, c'était l'Erechtheion. Au contraire du Parthénon bâti sur une grande aire libre et vierge, sur un horizon de mer et dans la présence authentique du large, l'Erechtheion était posé sur toute une collection dense d'empreintes vénérables, de lieux consacrés : le tombeau de Cécrops, la marque du trident de Poseidon, la mer d'Erechthée, le logis du serpent qui gardait l'Acropole, l'Olivier premier-né de la déesse, l'autel de Zeus Hercéen, l'enceinte de Pandrose. Il formait comme le musée des légendes locales, l'arche d'alliance d'Athènes. Arche d'alliance de ses dieux avec l'Athénien ; arche d'alliance entre les deux divinités d'abord rivales, Poseidon et Athéna. Et la tâche de l'architecte était de réaliser une arche d'alliance entre ces petits sanctuaires indépendants, de les fondre en un grand édifice où chacun eût sa place, restât pourtant distinct. Il ne fallait pas seulement qu'il adaptât sa construction à la forme du terrain, comme aux Propylées, mais à l'occupation du terrain. Avant l'invasion perse, il y avait là probablement des maisonnettes de dieux, pressées comme les petites demeures des Athéniens, et auxquelles ont dû appartenir les frontons en tuf du Musée. Le temple ordonné qui

La Tribune des Cariatides à l'Erechthéion

venait après eux ne pouvait demander qu'à l'art ionique la souplesse nécessaire pour se mouler sur ces places, pour épouser fidèlement les caprices de la nature et de la tradition, pour circonscrire sous un visage ionien la pure réserve de sang ionien, les enceintes interdites aux Doriens. De cette châsse d'architecture on fut amené à faire un travail précieux d'orfévrerie. C'est ainsi que Saint-Louis construisit pour la couronne d'épines le reliquaire de la Sainte-Chapelle : maison étroite et chère des témoins sacrés.

Si l'Erechtheion fut une pomme de discorde, ainsi que les Propylées, entre les partis politiques, nous l'ignorons ; mais il l'est devenu entre les archéologues. Je crois bien qu'on trouverait dans ses pierres la plus abondante des trois fontaines d'encre qu'ouvrit, au long d'une carrière glorieuse, l'ardeur combative de M. Dorpfeld, des deux autres l'une dans l'Ithaque d'Ulysse et la seconde sous la scène du théâtre grec.

Jusqu'à M. Dorpfeld, on prenait l'Erechtheion pour un édifice complet, voulu tel que nous le voyons aujourd'hui, commencé après le Parthénon, sans doute à l'époque de la paix de Nicias, vers 421, et achevé, sauf quelques détails, entre 409 et 407. A ces hypothèses classiques, M. Dorpfeld en substitue d'autres, qui certes n'emportent pas la certitude, mais qui séduisent, et qui nous éclairent singulièrement la logique architecturale de l'Erechtheion.

L'Erechtheion formerait un monument péricléen au même titre que le Parthénon et les Propylées. Il aurait figuré dans le plan d'ensemble, et serait non seulement contemporain des Propylées, mais l'œuvre du même architecte, de Mnésiclès. En effet, les rapports de plan entre les deux monuments sont frappants. Frappants, · surtout, si l'on admet avec M. Dorpfeld que l'Erechtheion actuel ne forme qu'une partie de l'Erechtheion projeté, et qu'aux cellæ construites s'en seraient ajoutées, à l'ouest, deux autres, symétriques des deux orientales, de sorte que le monument eût présenté un aspect équilibré : deux cellæ égales de chaque côté d'une chambre centrale qui donnait au nord sur le portique marqué du trident, au midi sur la tribune des Cariatides. Cet ensemble une fois construit, le Parthénon et lui rendaient inutile le vieil Hékatompédon ionique, dont la colonnade dorique avait été détruite par les Perses et dont la cella avait été relevée provisoirement, en attendant que d'autres temples pussent la remplacer. Mais, comme pour les Propylées, le sacerdoce conservateur du vieux temple suscita des difficultés, et la guerre de Péloponèse arrêta les travaux. Et ces prêtres, selon M. Dorpfeld, l'emportèrent, au point que l'Hékatompédon ne fut pas détruit, qu'il subsistait encore au temps de Pausanias, et c'est lui que Pausanias, si on le lit de près, décrit. Il aurait servi d'opisthodome, le nouvel Erechtheion n'en ayant pas. Il aurait gardé pareillement l'image vénérée, en bois d'olivier, d'Athéna, celle à laquelle on portait le voile des Panathénées, et qui n'aurait jamais pris dans le temple récent la place à elle destinée.

Cette dernière partie de la thèse dorpfeldienne ne pouvait être accueillie, chez les fervents de l'Acropole, qu'avec un étonnement douloureux. Quoi ! durant toute l'antiquité, les jeunes filles de la Tribune seraient demeurées en pénitence, cachées, derrière la bâtisse difforme et mutilée du vieux temple ! Ce regard qui pense le Parthénon et que nous ne pouvons en séparer, se serait heurté à ce mur ! Cela paraît d'autant plus étrange que la théorie de M. Dorpfeld rehausse singulièrement par ailleurs l'importance des Cariatides, et nous défend de voir en elles un morceau rapporté, pour dissimuler un escalier ; elles deviennent, dans le plan qu'il propose, le véritable visage de l'Erechtheion, sa façade sur la Voie Sacrée, la partie centrale du côté qui s'oppose au Parthénon. Et ce serait par scrupule religieux, pour ne pas détruire un ancien sanctuaire, qu'on aurait emmuré les six vierges !

Il sied d'attendre, pour admettre cette affirmation paradoxale sur le maintien du vieux temple, des preuves plus décisives ; en revanche, la restitution de M. Dorpfeld du plan primitif de l'Erechtheion nous donne une idée très claire, et qu'il faut croire vraie ; l'analogie entre les Propylées et l'Erechtheion avait déjà frappé plusieurs observateurs, en particulier Beulé ; elle restait superficielle, on l'apercevait surtout dans l'habileté avec laquelle l'architecte s'était plié aux différences de niveau. Mais si l'on considère, selon leur dessein premier, les deux monuments dans le sens intérieur de l'Acropole, c'est-à-dire de l'est à l'ouest, tous deux présentent également le plan général d'un amphiprostyle à ailes. Au sud et au nord, les deux ailes se détachent du monument, et, par une rencontre qui doit avoir ses raisons, ce sont deux ailes inégales. Aux Propylées (même achevés) et à l'Erechtheion, l'aile forte est celle du nord ; l'aile faible est celle du sud. La tribune des Cariatides forme l'équivalent de l'esplanade consacrée à la Nikè.

Cette conception de l'Erechtheion me semble éclairer le mot de Vitruve, selon lequel l'architecte aurait ici reporté sur les flancs les parties du temple qui d'ordinaire occupent les façades. Dans l'édifice ionique qu'il plaçait en regard du Parthénon, n'aurait-il pas fait passer successivement, d'un niveau à l'autre, du nord au sud, les trois moments que le temple dorique étageait sur sa façade : la colonnade, l'entablement, le fronton ? Aux colonnes répondait le grand portique nord qui, placé en contre-bas, paraît prendre tout l'édifice depuis ses fondations, l'appuyer, l'enraciner, le faire monter. A l'entablement répondait la cella, où le rythme résulte d'une opposition entre le nu du mur et les colonnades est ou ouest de l'amphiprostyle. Enfin la tribune des Cariatides, placée au milieu de la longue face lisse qui eût regardé la Voie Sacrée, tiendrait la place du fronton. De sorte que rien ne serait plus simple que ce plan, apparemment si complexe, de l'Erechtheion : un amphiprostyle ionique analogue à l'Hékatompédon alors sans péristasis dorique, qu'il devait remplacer, et cet amphiprostyle coupé dans le sens de la largeur par une sorte de croix dont le portique nord et la tribune formaient les deux transepts ; si l'édifice était vu non plus de la façade officielle Est, mais de la Voie Sacrée, du Parthénon, la tribune figurait une nouvelle façade, le centre d'un nouveau point de vue, et de chaque côté c'étaient les deux bras égaux de la cella qui faisaient alors les branches de la croix.

L'invention originale de l'architecte serait donc d'avoir greffé sur un amphiprostyle ordinaire un motif architectural qui traduisait en une autre langue, en une autre dimension, cette marche du support à la sculpture qu'exprime sous des traits si visibles une façade dorique. Le passage du portique nord à la tribune, par la différence des niveaux, comporte, à la fois, un progrès en longueur et une montée, c'est-à-dire un rythme d'escalier. On voit alors comment il faut entendre ce qu'on nous dit souvent, que la tribune fut construite pour dissimuler un escalier. Dissimuler un escalier ! ce n'était pas aux Propylées que l'art de l'Acropole avait pu en prendre l'habitude ! La vérité est qu'ici comme aux Propylées, l'escalier est traduit, souligné, par le langage même de l'architecture, l'escalier est un dessous, et la Tribune ne le dissimule pas plus qu'une peau jeune et fraîche ne dissimule un muscle. Du portique nord aux Cariatides, on monte comme le regard monte des colonnes doriques au fronton, avec la même logique ; les formes extérieures idéalisent pour l'œil cette montée intérieure, traduisent cet escalier qu'on ne voit pas. Comme le fronton dorique paraît libérer, en l'exprimant sous des formes humaines, l'attitude portante des colonnes qui le soutiennent, les

Cariatides amènent à une forme humaine les colonnes du portique. Dans le fronton dorique, les figures progressivement desserrées, depuis celles qui sont couchées aux angles jusqu'à celles qui sont debout au milieu, forment, si l'on peut dire, des Cariatides virtuelles, dont le mouvement est commandé par la corniche oblique qu'elles ne supportent pas, mais qu'elles ne sauraient outrepasser, de sorte que, même dans ce registre supérieur, la fonction portante des colonnes doriques, prolongée dans les figures, ne disparaît complètement qu'au groupe central, sous l'acrotère. A l'Erechtheion, il semble que chacune des six colonnes du portique soit, par l'acte même de la montée, par le fait même de l'escalier, transfigurée en l'une des six Cariatides, qu'elle ressorte de l'autre côté du mur sous des lignes de jeune fille, qu'elle se soit mise en marche pour monter de sa matière à sa forme, que l'édifice entier, par ce rythme, s'achève en une vision calme posée sur le chemin de la procession. La tribune porte sur une base plus élevée que les deux degrés, portique et colonnade, qui y conduisent, mais son entablement est au contraire plus bas que les deux autres : c'est qu'à l'endroit où il devient figure humaine, le monument dans toutes ses parties s'adapte à la figure humaine, manifeste un ordre nouveau, une grandeur nouvelle. La porte célèbre du nord, elle est, par ses dimensions, par sa beauté, proportionnée au mouvement qui passe par elle, à cette transformation de la colonne en jeune fille. On voit avec clarté d'où vient le mouvement, par où il s'écoule, ce qu'il devient. On le voit, selon le rythme de toute l'Acropole, s'arrêter en un regard, cristalliser en intelligence. L'idée plastique de l'Acropole paraît consister dans la marche, le déploiement, la souplesse, la sérénité vivante et la belle santé du cortège panathénaïque. Tout y est procession, à la fois au sens le plus simple, et au sens de sublime métaphysique où les philosophes alexandrins prendront ce mot. Les jeunes filles de la Tribune manifestent l'architecture de la colline, dans l'acte même qui la mêle à cette procession, et qui fait descendre par la cité en marche, mêle au voile palpitant de Pallas, la mélodie des pierres.

Si malgré tout l'Erechtheion actuel ne nous donne pas l'impression d'un monument inachevé, si probablement il ne la donnait pas aux Athéniens, si peut-être enfin l'architecte lui-même a trouvé, comme aux Propylées, une grâce nouvelle dans son œuvre interrompue, ne serait-ce pas parce que l'édifice est coupé ici en un point où ce mouvement des colonnes nord vers un fronton latéral apparaît encore en toute limpidité ? Quand on vient des Propylées, on voit à vif la transformation des colonnes en Cariatides par le moyen terme des tardives colonnes engagées qui les réunissent. On songe aux triglyphes qui font passer le regard des colonnes au fronton. Comparées au dessein primitif, la grande porte est diminuée, les Cariatides portent un peu sur le vide, mais l'effet d'harmonieuse progression demeure.

Façade du temple ionique vers la Voie Sacrée, les six Cariatides tournent le dos à l'ionisme. Elles occupent à peu près la place où se tenait cette foule bigarrée des Korai peintes qu'Athènes jeta en morceaux dans ses remparts. Placées en avant du temple intime, de la Sainte-Chapelle qui devait contenir les vieux cultes d'Athènes, elles figurent la marche intelligente qui conduit ce passé vers la raison du temple dorique. Voici les fortes, les calmes et les belles filles de la cité. Regardez ces poitrines aux seins larges et droits, l'ampleur du corps entre les hanches, et, au genou que chacune porte en avant, ce dessin net de la rotule par lequel la machine humaine apparaît en sa plénitude d'entretien et de santé. Les épouses et les mères de demain. Ce que si paisiblement, sur leur tête de jeunes filles, elles soutiennent, annonce la race que porteront leurs flancs et qui dans la magnificence de leur sein puisera la jeune vie et la lumière. De la Sainte-Chapelle d'Athènes elles descendent, vraies sources de l'Acropole, Pirène et Castalie de cette colline ; elles descendent comme les énergies de la république, comme la cité dans son gage d'avenir, comme la race autochtone même, la race d'Erechthée ; — elles descendent, poids et fraîcheur, grâce et gravité, foyer solide et front fleuri d'Athènes. Un voyageur du XVIIe siècle, l'Anglais Spon, les prend avec confiance pour les Grâces que Socrate, dans son apprentissage de sculpteur, aurait représentées vêtues. Ne les verrons-nous pas, nous aussi, dans leur pleine vérité, si nous les appelons les Grâces de Socrate, — ensemble les Grâces autochtones d'Athènes et les Grâces éternelles de l'intelligence ?

Placées sur le tombeau de Cécrops, et fixées, conseillères d'Athènes, à son cœur, elles en conduisent tout le passé vers la raison du temple dorique, vers la clarté du concept socratique. Elles achèvent l'Erechtheion ionien, mais aussi elle le subordonnent, elles le purifient dans ce regard sur le Parthénon, qui les modèle selon l'âme du Parthénon. Equilibre entre le fardeau fidèlement tenu et ce regard qui les libère ; formes, à la fois, sur l'Acropole, de sa racine la plus ancienne et de sa fraîche immortalité. Elles n'ont jamais su que derrière elles l'Erechtheion était devenu, pour des Barbares, un harem. Elles n'ont jamais vu, de leur regard droit et qui semble, par le poids de leur fardeau, maintenu sur le seul horizon juste, elles n'ont jamais vu la tour franque et le minaret turc planter leur raideur injurieuse plus haut que le fronton d'Athéna. Mais leur âme se concentre sur ce qui fait à l'Acropole son armature de vérité, sur cette Voie Sacrée où passent les Panathénées de l'intelligence dont les autres n'étaient que les figures d'ancienne loi, sur ce mouvement qui, des Propylées mnésicléens à notre petit et fervent Musée, tend la courbe entière de la colline comme une corde imbrisée de lyre. Pour cela seulement elles vivent. L'amour qui voudrait baiser leur pied nu, sans le voir elles l'arrêtent sur nos lèvres pour le répandre intérieurement dans les veines de notre pensée. Servantes et veilleuses de l'ordre, elles nous confirment que nous ne sommes pas entrés vraiment dans l'Acropole, si, par un choix intelligent nous n'avons en elle discerné l'esprit, nié l'encombrement sensible et le dépôt étranger.

Perfection de tous les motifs ioniques, l'Erechtheion subit sans blessure la ruine et garde sous elle toutes les sources de sa grâce. Des bases ciselées sortent toujours les colonnes, comme monte hors d'un bracelet un bras nu. On discerne, avec la joie des yeux, tout ce qui subsiste d'orfèvrerie sur cette châsse d'architecture ; on songe à cette lampe d'or, œuvre de Callimaque, qui faisait au marbre un cœur toujours brûlant. Et le marbre, ici, n'a pas pris cette teinte dorée et virile, cette chair exercée de gymnase qui met sur le Parthénon et le Theseion la marque de la maturité. Il est demeuré blanc, presque féminin, en fleur encore, et les colonnes ioniques en paraissent plus délicates et frêles. Dépouillé de sa frise, et de l'or et de l'émail répandus, le voici tendrement nu, et distribué en membres graciles qui paraissent sortir de l'eau.

Si, par un soir où la lumière ne soit qu'un miel liquide et blond, les Propylées franchies, vous laissez la vision de l'Erechtheion se suspendre un peu lointainement pour vous, les colonnes minces vous révèleront un métier d'ivoire où se tisse du ciel une glorieuse soie bleue, elles et leurs cannelures y perdront épaisseur et substance, et par la suavité de l'air ne se dissoudra que la pointe d'une musique finissante. Mais voyez ! un poids de pensée et de gravité retient à la terre et ce voile long qui va fuir et ces colonnes du nord, pistils élancés parmi le pollen de soleil : un poids que font les fortes, saines, intelligentes et tranquilles jeunes filles. De toute la raison incorporée à leur chair, elles arrêtent cette fluidité d'Ionie comme

font d'un cerf-volant les cinq doigts d'un enfant. Elles la
fixent sur la colline de sagesse, puis l'écoulent dans le
regard dont elles contemplent inlassablement le Parthénon ; elles sont, par ce regard, le Parthénon, comme le
doigt levé de Saint Jean, chez Léonard, est le ciel. Elles
justifient que, dans le Parthénon, nous n'ayons dégagé
et reconnu que cela : l'Idée du dorique. Elles nous apparaissent cette Idée même, en tant qu'elle est pensée,
comme par nous, du dehors, en tant qu'elle éclôt dans
l'ionique, ainsi que son désir et sa joie, et que le héros
rêvé par la vierge. Le plan en croix, la sculpture qui
descend du fronton et qui se tient, comme les colonnes,
à peine sur un socle au-dessus de terre, esquissent, dans
l'Erechtheion, un peu le souvenir d'une église gothique.
Devant les jeunes Cariatides, je pense au groupe des
Vierges sages et des Vierges folles, symboles de l'âme
chrétienne en attente de l'Epoux, et que la cathédrale
offre souvent à l'un des portails latéraux. Mais les vierges
de l'Acropole ne sont, elles, que sagesse et connaissance ;
elles n'attendent pas, elles savent ; elles n'espèrent pas,
elles voient ; et la vérité dorique emplit leurs yeux, dans
le même rythme de respiration paisible qui fait par l'air
attique tendre leur poitrine entre leurs seins élargis de
marbre.

La nuit, toute la vie de l'Acropole converge vers elle,
dépend d'elle, se rythme selon la respiration de ces
présences de pierre et de pensée. La lune éclaire leur
visage, suit la ligne de leur genou fléchi, et met dans
leurs veines de marbre tiédi la vie intelligible.

La lune était montée de l'Hymette, mais la lune
et l'Hymette s'étaient séparés comme deux formes
sœurs ; la montagne flottait en un fil vaporisé, et, bleue,
elle était la bulle la plus suavement gonflée de la terre
dont par la lune insensiblement la pensée suspendue s'évadait. Tout était tiède, et, dans la blancheur
du marbre, quelle présence allait, nue et comme sur le

sable de la mer, jusqu'à la pleine épaisseur d'une vague, avancer, nager ? La poitrine d'athlète, en laquelle s'incurvait le stylobate du Parthénon, épousait la courbe lunaire, participait à la respiration des mondes, s'emplissait calmement de l'espace ainsi que de sa nourriture et de son bien. Mais la face occidentale du temple, dans cette transparence, se fluidifiait, et, tout au long de la nuit il paraissait que l'Aglaure du fronton en eût, de son mouvement, déversé tout l'or roux, en une chevelure indéfinie de miel sauvage, de solitude et de rosée.

En bas de l'Acropole, il n'y avait qu'un dépôt, un fond trouble, que cette pureté légère abandonnait pour monter et fleurir. Et, sur l'esplanade de l'homme, il ne se pouvait que tout ne fût pas lié à une présence humaine. Le regard invinciblement allait aux figures habitantes du lieu ; et, si les yeux cherchaient la place où demeurer, ils la trouvaient, du péristyle septentrional, quand, fixés sur la tribune des Cariatides, ils rendaient aux jeunes filles le regard millénaire dont elles regardent le Parthénon.

Servantes vigilantes de l'Acropole, génies de la colline, attachés à son foyer, visages humains qui ne désertèrent pas quand la statue divine s'écroula, quand les Olympiens des frontons remontèrent au ciel ou partirent pour l'Occident ! Sur l'indéracinable dalle elles entretiennent la flamme ; tout à l'heure, quand le dernier visiteur les aura quittées, ne vont-elles pas, comme le père des Hespérides laissa la terre aux épaules d'Hercule, confier aux brises attentives le fardeau non plus pesant à leur front que ne l'est une charge de laine blanche aux mains qui la filent ? Descendues jusqu'au Parthénon ne courberont-elles pas leurs deux genoux de marbre, et, semblant aux lavoirs Nausicaa, ne feront-elles pas sur son pavé couler pour qu'il soit pur, l'eau de la clarté lunaire et des matinales rosées ? Mais non. Voyez que leurs bras, comme ceux de la Vénus de Milo, sont coupés. La vie a laissé choir, inutiles, les membres qui eussent travaillé ; elle s'est retirée toute dans leur regard, et leur regard remplace tout. Elle s'est retirée dans leur regard comme l'être du Parthénon dans son Idée ; leur regard remplace tout, comme l'Idée du dorique restitue, par delà la ruine, tout. Toute mutilation ici s'incorpore aux paroles de Platon sur le juste méconnu, outragé, mis en croix : il reste le juste, et cela suffit.

TABLE
DES CHAPITRES

TABLE
DES
ILLUSTRATIONS

Achevé
d'imprimer le
3 décembre 1929,
par Aulard
à Paris

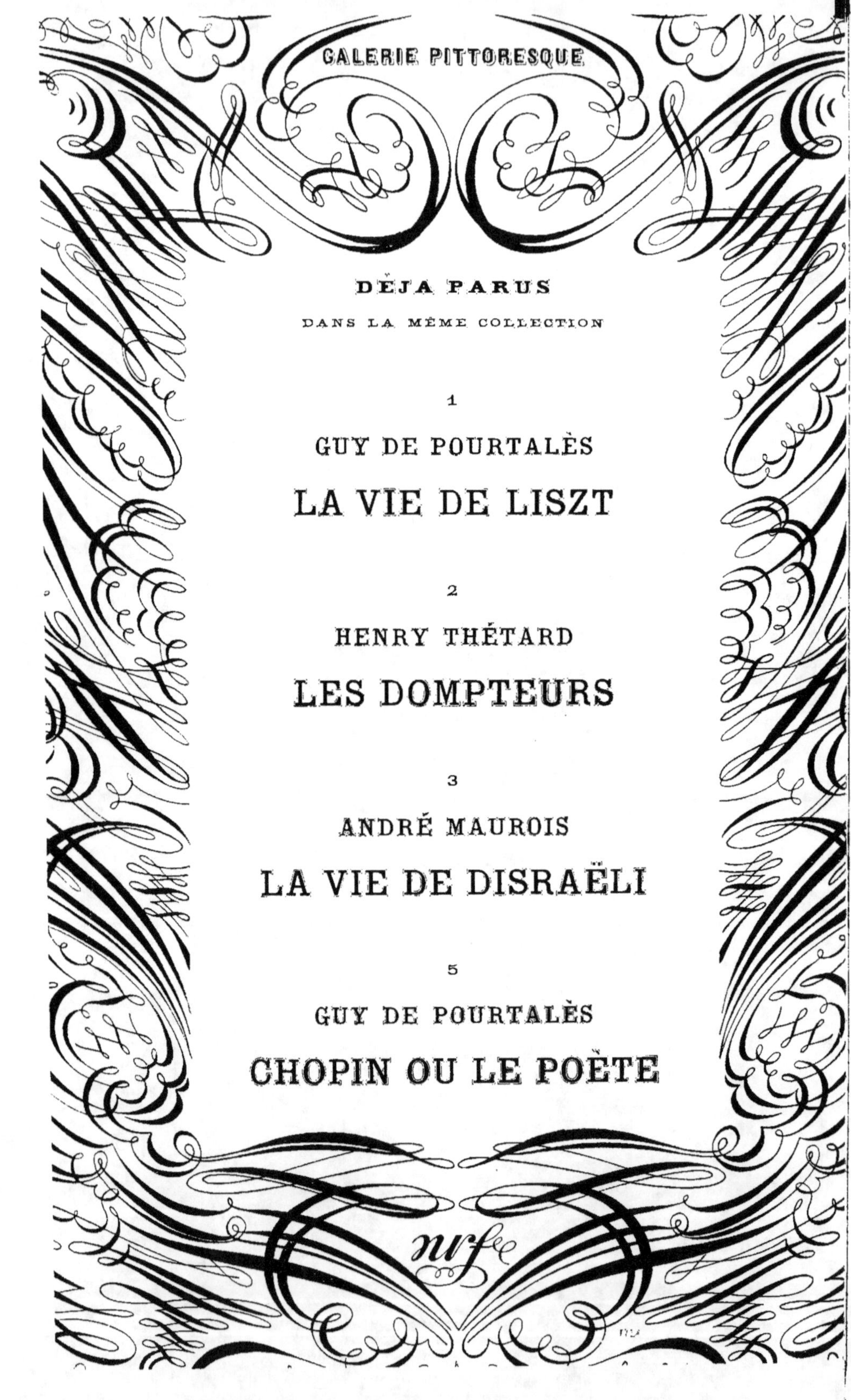

GALERIE PITTORESQUE

DÉJA PARUS
DANS LA MÊME COLLECTION

1

GUY DE POURTALÈS
LA VIE DE LISZT

2

HENRY THÉTARD
LES DOMPTEURS

3

ANDRÉ MAUROIS
LA VIE DE DISRAËLI

5

GUY DE POURTALÈS
CHOPIN OU LE POÈTE

nrf